Dr. Alexander Madaus

MASKEN DER MÄNNLICHKEIT

VOM MUT ZUM AUFBRUCH SICH ALS MANN ZU ZEIGEN

www.rising-king.academy

Verlag: Yess Yess Verlagsagentur
20sec UG (haftungsbeschränkt)
Roschdohler Weg 93 - 24536 Neumünster

Druck: tredition GmbH, Halenreie 40-44,
22359 Hamburg

ISBN
Paperback 978-3-98631-006-6
Hardcover 978-3-98631-007-3
e-Book 978-3-98631-008-0

Bibliografische Information der Deutschen Nationalbibliothek:

Die Deutsche Nationalbibliothek verzeichnet diese Publikation in der Deutschen Nationalbibliografie; detaillierte bibliografische Daten sind im Internet über http://dnb.d-nb.de abrufbar.

Weitere Mitwirkende:
Markus Coenen - www.markus-coenen.de
20sec UG - www.twentyseconds.de

Inhaltsverzeichnis

Von Beginn an eingesperrt

PROLOG

Es ist Freitagabend in einer Mietwohnung in Berlin-Moabit. Ein kleiner Junge steht in der Badewanne. Er ist fast fünf Jahre alt. Seine Mutter hilft ihm beim Abtrocknen nach dem Bad.

Plötzlich wird die Tür des Badezimmers aufgestoßen. Der Vater des Jungen steht in der Tür. Er brüllt: "Ich setze mich jetzt ins Auto und fahr' gegen den nächsten Baum. Dann könnt ihr sehen, wie ihr klarkommt!". Dann dreht er sich um und stürmt Richtung Wohnungstür. Die Mutter des Jungen läuft ihrem Mann schreiend hinterher. Was sie sagt kann der Junge nicht verstehen. Er ist im Schock. Er fängt an zu verstehen, dass sein Vater nicht mehr zurückkommen wird. Er merkt nicht, dass er friert. Es gibt nicht einmal Tränen – zu groß ist die Last der Erkenntnis.

Dies ereignete sich im Jahr 1972. Der kleine Junge war ich. Diese Szene ist die erste bewusste Erinnerung, die ich an meinen Vater habe. Ich lernte an diesem Abend zum ersten Mal, wie sich ein Mann verhält. Kälte, Drohungen, Erpressung und Geringschätzung waren die Werkzeuge meines Vaters. Natürlich waren sie das, denn er war und ist ein Feigling. Er stand niemals zu seinem Wort. Er stand niemals für irgendetwas. Er hat sein Leben lang hat jeden Menschen freimütig sofort geopfert, wenn es seinen eigenen Motiven diente. Er fuhr an diesem Abend natürlich nicht gegen einen Baum. Er verließ nicht einmal die Wohnung. Er hatte nie vorgehabt sich selbst Schaden zuzufügen.

Alles was er wollte war, dass seine Frau weinend und flehend an ihm hing.

Er wollte Macht – wie so viele Männer.

Wie die meisten Männer, die nach Macht streben, war er schwach. Viel zu schwach, um wahrhaft mächtig zu sein. Männer wie er ergeben sich ihren Schwächen und machen niemals auch nur den Versuch anders zu sein. Anders zu handeln. Wirklich zum Mann zu werden.

Leider sind das die überwiegende Mehrheit der "Männer" in unserer Gesellschaft. Ich habe lange nicht verstanden, dass das der falsche Weg ist. Nicht realisiert, dass dies eine Lüge, ein willkürlich erzeugtes Konstrukt ist. Ich habe all das selbst getan. Ich habe wiederholt, was ich von meinem Vater gelernt hatte. Es hat mich angewidert. Ich spürte, dass das nicht richtig sein kann.

Ich suchte nach anderen Antworten, fand aber über Jahrzehnte keine. Ich tat, was Männer eben so tun. Ich schwieg und unterdrückte meine Emotionen. Immer wieder brachen diese dann unkontrolliert in Form von Aggression aus mir heraus. Wahrscheinlich kennst du das. In solchen Situationen war es mir unmöglich, mich selbst zu kontrollieren. Ich kam mir oft vor, wie ein Zuschauer, der mit ansehen muss, was gerade passiert. Keine Möglichkeit in das Geschehen einzugreifen. Wie so viele Männer war ich regelmäßig fassungslos über das, was ich getan oder gesagt hatte. Voller Scham- und Schuldgefühle. Warum ist das jetzt wieder geschehen?

Viel schlimmer war aber, dass ich nicht wusste, wer ich war.

Nimm dir, bevor du umblätterst,
ein paar Sekunden, um diese Fragen
für dich zu beantworten:

Was fühlst du,
wenn du an
deinen Vater denkst?

Wer bist du
jetzt
in diesem Moment?

So sehr ich mich bemühte – ich konnte es niemals richtig machen. Mein Leben fühlte sich an, als würde ich ständig nur gegen das Ertrinken ankämpfen.

Einen wirklichen Sinn in meinem Tun konnte ich nur selten erkennen. Wenn es mir mal gelang, dann zumeist in meiner Tätigkeit als Arzt. Aber wozu war das gut, wenn alles andere in meinem Leben nicht funktionierte? So zumindest fühlte es sich an. Meine Beziehungen scheiterten alle früher oder später. So stand auch meine dritte Ehe 2016 vor dem Aus.

Warum bin ich hier? Wozu das Ganze? Diese Fragen stellte ich mir nahezu täglich. Ich hatte keine Antwort und kannte auch niemanden, der eine gehabt hätte. Oft war ich der Ansicht, dass es besser wäre, wenn ich nicht mehr existierte. Das begann bereits sehr früh in meiner Kindheit. Immerhin machten mir sowohl meine Mutter als auch mein Vater immer wieder unmissverständlich klar, dass ich nichts weiter als ein Problem sei. Zwei Suizidversuche – einer im Alter von 11, der zweite mit 20 Jahren – waren das Ergebnis.

Auch in den Jahrzehnten danach dachte ich häufig über diesen vermeintlichen "Ausweg" nach. Damals wie heute allerdings war diese "Lösung" für mich aber vor allem ein Zeichen von Feigheit. Ich wollte niemals wieder feige sein. Der Schmerz, diese Agonie des Eingesperrt seins blieb unverändert. Ich verdrängte ihn die meiste Zeit. Aber er war immer da. Dumpf und ständig im Hintergrund präsent. Dieser Schmerz war es, der mich unaufhörlich nach Antworten suchen ließ. Ich war der festen Überzeugung, dass mein Leben anders aussehen müsste. Dass es sich anders anfühlen müsste.

Ich konnte mich nie mit dem mir von der Gesellschaft vorgegebenen Weg abfinden. Jahrzehnte wie ein Sklave anderen gehorchen zu müssen, um am Ende in einem Bett dahinzusiechen und auf das Ende zu warten? Das wollte ich nicht akzeptieren.

Die Rückkehr in die Selbstständigkeit war ein erster Schritt in die Freiheit – dachte ich. Immerhin war ich nun kein Sklave mehr. Aber der Wechsel in die Rolle des Unternehmers veränderte mein Gefühl diesbezüglich nur mäßig. Nun war ich zwar nicht mehr abhängig von einem Chef oder Vorgesetzten, dafür aber von meinen Kunden, meinem Vermieter, dem Finanzamt. Und so weiter und so weiter.

Ich arbeitete mehr als zuvor und fühlte mich so gar nicht frei und selbstbestimmt. Das Gegenteil war der Fall. Der fast manische Zwang Ergebnisse im Außen zu produzieren, um mich dann hoffentlich besser zu fühlen machte mich fast wahnsinnig. Denn auch das funktionierte überhaupt nicht. Dabei ist es doch genau das, was von einem Mann in unserer Gesellschaft erwartet wird. Ich erfüllte es und es war dennoch vollkommen falsch. Unser Business wuchs. Genau wie die Distanz in unserer Ehe. Je mehr ich mich auf das Produzieren von Resultaten (Geld) fokussierte, um so mehr verlor ich den Kontakt zu meiner Frau und – viel schlimmer – zu mir selbst. Heute weiß ich, dass es gar nicht anders sein konnte. Meine Identität war ein Trugbild, das ich mein Leben lang erzeugt hatte. Ganz nach dem Wunsch der Gesellschaft.

Ich weiß, dass es fast allen Männern so oder sehr ähnlich geht. Sie irren ihr Leben lang umher und suchen nach Antworten auf Fragen, die sie gar nicht kennen. Alles was sie finden ist Lug und Trug.

Geld und Konsumgüter sind der offensichtlich einzig akzeptierte Weg zu Status und Bedeutung. Unsere Gesellschaft basiert auf diesem Konzept des ahnungslosen Sklaven. So sind die Menschen zu manipulieren und zu steuern. Der Zwang Materielles zu akkumulieren, macht sie blind und taub für die Wahrheit und verhindert wirkungsvoll, dass ein Mann erkennt, wer er wirklich ist.

Von klein auf bekommen wir gesagt wer und auch wie wir sein sollen. Wie wir zu sein haben. Welches Verhalten wir an den Tag legen müssen, damit wir von Anderen akzeptiert werden. Besonders männliche Kinder werden von frühester Jugend an gezielt deformiert. Sie werden in Verhaltensweisen gepresst, die gegen ihre Natur gerichtet sind. Sie sollen ruhig, brav und artig sein. Sie sollen stillsitzen und ihre Emotionen ignorieren.

Emotionen stören nur.

Letztlich sollen sie sich wie Mädchen verhalten. Das verwundert nicht, sind doch knapp 85% der Erzieher und Lehrer in Deutschland weiblichen Geschlechts. Das Schulsystem ist in einer dogmatischen und unnatürlichen Art und Weise aufgebaut und orientiert sich an Werten, die über hundert Jahre alt sind.

Andere Länder wie zum Beispiel Schweden und auch Norwegen haben diesen Weg schon lange verlassen und haben dadurch viel bessere Ergebnisse in Bezug auf Bildungsgrad und Zufriedenheit der Schüler als Deutschland.

Stundenlang stillzusitzen und sich auf uninteressante Inhalte konzentrieren zu müssen ist generell nicht kindgerecht. Ganz besonders für Jungen sind die Auswirkungen der konsequenten Unterdrückung des natürlichen Bewegungsdrangs katastrophal. Bereits seit vielen Jahren sind Kinder- und Jugendpsychiater in den Industrieländern alarmiert, weil die Rate an Jugenddepressionen ganz besonders bei Jungen massiv ansteigen. Jungen begehen dreimal häufiger als Mädchen Selbstmord. In Stichproben zeigt sich eine Prävalenz depressiver Erkrankungen bei Kindern und Jugendlichen bis zu 25%. Wirklich belastbare Daten diesbezüglich gibt es nicht – offenbar ist das wissenschaftliche und gesellschaftliche Interesse nicht groß genug.

Jungen sind keine Mädchen.

Was banal und offensichtlich klingt, ist von erheblicher Bedeutung. Das dauerhafte Unterdrücken des Bewegungsdranges hat bei Jungen ganz andere psychologische Auswirkungen als bei Mädchen. Jungen werden dadurch krank. Ausgeprägte Sedierungsstrategien bereits im kindlichen Alter sind Folge und Beweis zugleich: Videospiele und Pornografie sind zum Beispiel fast ausschließlich Interessen männlicher Kinder und Jugendlicher.

Mädchen bevorzugen auch bei der Nutzung elektronischer Geräte die soziale Interaktion (zum Beispiel Chat-Apps und Kommentarfunktionen).

Die meisten Eltern sind heutzutage froh, wenn sie ihren Nachwuchs mit Hilfe elektronischer Geräte ruhigstellen können. Das kann man überall leicht selbst beobachten: Im Bus, am Flughafen und in Restaurants. Dieses gesellschaftlich etablierte Konstrukt wird als "normal" betrachtet. Eltern sind selbst so aufgewachsen und stellen es so gut wie nie in Frage. Kinder bekommen keine Chance sie selbst zu sein. Sie bekommen Beurteilungen und Etiketten.

In meinem ersten Zeugnis heißt es "Alexander stört häufig den Unterricht." Eines lernte ich so bereits sehr früh, nachhaltig und immer wieder spürbar: Ich war ein Störfaktor. Tatsächlich war ich lebhaft und hatte breit gefächerte Interessen. Das ist bis heute so.

Bereits zu diesem Zeitpunkt war ich stark kurzsichtig. Dies fiel aber weder den Pädagogen noch meinen Eltern auf. Die waren alle nur darauf fixiert mich zu "reparieren". Nach Ursachen suchte niemand. Als ich über zwei Jahre später meine erste Brille bekam "störte" ich auch nicht mehr den Unterricht. Ich hatte schlichtweg meine Nachbarn ständig gefragt, was denn da an der Tafel steht...

In der siebten Klasse des Gymnasiums riet mir mein damaliger Mathematiklehrer – ein alter Faschist reinsten Wassers – vor der versammelten Klasse, dass ich doch auf die Hauptschule, besser noch auf eine Hilfsschule gehen sollte.

Ein weiteres männliches "Vorbild" in meinem Leben. Dass es seine Unfähigkeit Mathematik zu erklären war, die zu meinen schlechten Leistungen führte, war ihm nicht bewusst. Er hätte es wohl auch nie in Erwägung gezogen.

Ein Schulwechsel und zwei Mathematiklehrer später schrieb ich ausschließlich Einsen und Zweien bis ich das Fach Mathematik am Ende der 12. Klasse zugunsten von Chemie und Biologie endgültig abwählte. Heute bin ich unter anderem auch Arzt mit multiplen Fachspezialisierungen. Meine Promotion habe ich "magna cum Laude" abgeschlossen.

Case closed.

So wie mir geht es zahllosen Kindern jedes Jahr. Eine Veränderung ist nicht in Sicht. Deutschland ist unfähig von Anderen zu lernen und zu adaptieren, was besser funktioniert. Unsere Politiker, nahezu allesamt unfähig und engstirnig, befriedigen ausschließlich ihr eigenes Ego. Kein Wunder, sind sie doch selbst auch nur das Ergebnis dieser Strukturen. Blinde Dogmatiker, die die Vergangenheit nicht aufgeben wollen, weil sie keine Vision für eine bessere Zukunft haben.

Dies ist kein Buch über Politik oder das Schulsystem. Es ist ein Buch über Männer. Für Männer. Wir alle sind das Ergebnis der oben geschilderten Umstände. Wir wurden ohne eigene Identität und ohne Verständnis für den Umgang mit uns selbst als "erwachsen" in die Gesellschaft entlassen.

Ich spreche täglich mit Männern, die mit ihrer Identität solche argen Probleme haben.

Anders formuliert: Sie wissen nicht, was "Männlichkeit" überhaupt bedeutet.

Darum werden die meisten von Ihnen einfach Kopien von dem, was sie als "männlich" kennengelernt haben. Leider ist dies aber weit weg von dem, was einen Mann wirklich ausmachen sollte. Mein ganzes Leben habe ich nur sehr wenige Männer kennengelernt, die diese Bezeichnung wirklich verdient hätten.

Eine unbequeme Frage.

Es wird dir dennoch helfen,
sie für dich zu beantworten,
bevor du die nächsten Seiten liest:

Wie lautet deine Definition von Männlichkeit?

Alle „Männer“, die ich in meiner Kindheit und Jugend erlebte, waren ausschließlich verlogene Schwächlinge. Verbal und häufig auch körperlich gewalttätig wollten sie einfach nur andere dominieren. Vor allem ihre Familien. Bis auf ganz wenige von Ihnen waren es alle Akademiker mit "guten" Jobs. Mit sozialem Status oder Bildungsgrad hat dieses Verhalten absolut nichts zu tun.

Mangels echter Vorbilder begab ich mich auf die Suche nach einem Männerbild, mit dem ich mich identifizieren konnte. In Büchern und Filmen wurde ich fündig. Ja, tatsächlich: Fiktive Charaktere zeigten, was ich ansprechend fand. Stärke, Mut, Ehrlichkeit, Opferbereitschaft, Aufrichtigkeit und Respekt. In meiner realen Welt konnte ich diese Eigenschaften dagegen nirgends wiederfinden. Dies erschwerte es für mich noch weiter meine eigene Rolle zu definieren. Ich war ein Sonderling. Ich war allein. Oft fühlte ich mich einsam. Selbst dann, wenn ich in der Gesellschaft anderer Menschen war.

Ich suchte nach einem Ort, an dem ich mich wohl fühlte. An dem ich willkommen war. Zuhause war dieser Ort definitiv nicht. In der Schule war ich immer ein Außenseiter.

Ich fand heraus, dass es für mich im Rahmen sportlicher Aktivitäten am einfachsten war, mit anderen Menschen in Kontakt zu treten, ohne dabei nur der Sonderling zu sein. Allerdings fühlte ich mich bei Mannschaftssportarten immer wie eingesperrt. Retrospektiv betrachte lag das vor allem daran, dass ich nie ein echtes Team erlebte. Die Konkurrenz und der

Egoismus der einzelnen Spieler machte es in aller Regel mehr zu einem Kampf im Team als gegen die andere Mannschaft. Jeder wollte sich profilieren. Das lag nicht in meinem Interesse. Aus diesem Grund hat sich das Konzept sportlicher Wettkämpfe mir lange nicht erschlossen.

Mit 17 Jahren begann ich den größten Teil meiner Zeit in das Studium diverser Kampfkünste zu investieren. Seit meinem vierten Lebensjahr hatte ich bereits Judo betrieben. Nun zogen mich andere Systeme wie Kung Fu und Thaiboxen an. Nahezu zeitgleich begann ich mit dem Krafttraining. Ich hatte meine erste Freundin. Ich hatte Sex. Alles zusammen veränderte nicht nur meinen Körper, sondern auch meinen Geist und dadurch mein Selbstbewusstsein. Ich begann offener und mit viel mehr Selbstvertrauen auf andere Menschen zuzugehen. In der zwölften Klasse war ich kein Sonderling mehr.

Ich gehörte endlich dazu.
Aber zu was?

Wie in unserer Gesellschaft üblich war alles nur oberflächlich und ohne Bedeutung. Es gab keine echte Kommunikation. Wie alle anderen auch sagte ich das, wovon ich glaubte das es "cool" ist. Ich verhielt mich so, damit mich die anderen akzeptieren. Alle taten das, also musste es wohl richtig sein. Das Gefühl des Alleinseins verschwand hingegen nicht. Ich hatte keinen Mangel an menschlicher Gesellschaft und an Interaktion mehr, aber meine Gedanken konnte ich immer noch mit niemandem teilen. Meine Fragen blieben weiterhin unbeantwortet. Ich hatte niemandem, dem ich sie stellen konnte.

Im Alter von 19 Jahren machte ich mein Abitur. Für mich stand fest, dass ich Medizin studieren würde. Ich musste mit einigen Wartesemestern rechnen. Was sollte ich in dieser Zeit tun? Ich entschied mich dafür, diese Zeit zu nutzen, um mehr über mich selbst herauszufinden.

Ich war zu der Schlussfolgerung gekommen, dass ich wahrscheinlich sehr viel über mich erfahren würde, wenn ich möglichst hart zu mir selbst bin. Also brauchte ich nun ein Umfeld, in dem das gewährleistet wäre. Ich entschied mich für die Bundeswehr und verpflichtete mich für vier Jahre.

Vier Monate nach dem Abitur verließ ich, gerade 20 Jahre alt geworden, mein Elternhaus. Für immer. Dort hielt mich gar nichts. Woanders konnte es nur besser sein.

Während meiner Zeit beim Militär befand ich mich in einer reinen Männergesellschaft. Dort bestätigte sich nur, was ich bereits über Männer gelernt hatte. Weil ich es nicht besser wusste, übernahm ich die meisten Verhaltensweisen. Ich wurde ein Teil der toxischen Männlichkeitslüge unserer Gesellschaft. Mein ganzes Leben habe ich durchgehend die gleichen Erfahrungen mit Männern gemacht. Es ist völlig egal welches Alter, welcher Beruf, welcher Bildungsgrad oder welche soziale Zugehörigkeit – der Mangel an männlicher Identität ist überall gleichermaßen vorzufinden.

Was sich unterscheidet ist die Art der Maske, die Männer tragen, um das zu verbergen. Ob verschlossen-intellektuell oder primitiv-aggressiv – es geht immer um das Gleiche: Es geht nur darum, die tiefe Verunsicherung und Verzweiflung zu verbergen. Kaum ein Mann kennt die Antwort auf die Frage, was es denn überhaupt bedeutet ein Mann zu sein. Wir alle kennen nur die gleichen Stereotypen. Die Masken eben, die uns überall gezeigt werden. Jeder von uns entscheidet sich für eine oder mehrere davon.

Die Angst davor, aus der Gemeinschaft ausgeschlossen zu werden, lässt uns zu Sklaven werden. Dies ist so gewollt. Wir sollen verängstigt, voneinander isoliert und somit leicht zu kontrollieren sein. Der größte Alptraum der Anführer der modernen Gesellschaften sind selbstständig denkende, unabhängige Individuen, die die herrschenden Ansichten und Meinungen herausfordern könnten.

Ich bin der Meinung, dass eine funktionierende Gesellschaft ausschließlich aus solchen Individuen bestehen sollte. Darum möchte ich in diesem Buch die typischen Masken der Männlichkeit enttarnen. Sie sorgen für Nichts als Konflikt, Distanz und Einsamkeit.

Ich habe im Laufe meines Lebens eine sehr genaue Vorstellung davon bekommen, was es tatsächlich bedeutet ein Mann zu sein. Diese Vorstellung steht in klarem Kontrast zu dem, was als männliches Verhalten etabliert und akzeptiert ist. Diese – meine – Vorstellung möchte ich hier zeigen und erklären. Sie ist simpel und erhebt keinen Anspruch auf Vollständigkeit oder Gültigkeit. Sie ist keine "Checkliste" die vollständig erfüllt sein muss, damit der Titel "Mann" verliehen werden kann.

Ein Mann zu sein bedeutet für mich in erster Linie ein Ethos und einen "Code Of Conduct" zu haben. Um dieses Ethos leben zu können, müssen meiner Meinung nach einige Voraussetzungen erfüllt sein. Auch die will ich erklären.

Ein Mann, der sich seiner männlichen Identität nicht vollumfänglich bewusst ist, wird immer ein Sklave sein.

Ein Sklave des Geldes, ein Sklave der Macht, ein Sklave von Frauen und Ängsten. Er wird immer abhängig von der Beurteilung anderer sein, ein Sklave von äußerer Akzeptanz. Fast alle Männer in unserer Gesellschaft sind Sklaven. Niemand hat ihnen jemals gezeigt, was das eigentlich bedeutet ein Mann zu sein.

Diese Männer sind schwach, ängstlich, neidisch, gierig und niederträchtig. Sie schwächen unsere Gesellschaft und leisten auf dem direkten Weg in den Untergang der Menschheit Hilfestellung. Das aus gänzlich egoistischen Motiven.

Eine Gesellschaft, deren Männer schwach sind, kann nicht überleben. Dies hat uns die Geschichte immer und immer wieder gezeigt. Es wird Zeit, daraus zu lernen.

Bevor Du weiterliest, möchte ich auf etwas wichtiges hinweisen:

Dies ist ein Buch über Männer, für Männer. Es ist aber auch ein Buch für Frauen, die Männer besser verstehen wollen. Es liegt mir fern, Frauen auf ein Podest zu stellen. Der sich immer schneller verbreitende toxische Feminismus ist kontraproduktiv und zerstörerisch. Getarnt als Gleichstellungsdebatte treibt er die Spaltung und das Misstrauen zwischen den Geschlechtern immer weiter voran. Wozu das Ganze? Frauen müssen nichts beweisen, und es bedarf keiner besonderer Lobpreisungen, wenn eine Frau erfolgreich ist. Aber genau das wird praktiziert. Dass dies die Position der Frauen weiter schwächt, fällt nur den Wenigsten auf.

Solange es nicht völlig normal ist, dass Frauen CEO's sind und genauso erfolgreich sind wie Männer, so lange wird es keinen echten Konsens geben.

Es muss die gleichen Chancen, Möglichkeiten und Regeln für alle Menschen geben. Er/Sie/undefiniert/trans... was auch immer... - das führt doch nirgendwohin.

All dieser Genderwahnsinn ist doch nur Ausdruck dafür, wie wenig unsere Gesellschaft bereit ist Gleichheit zu akzeptieren. Er ist nichts weiter als eine panische Schutzreaktion, damit sich niemand ertappt fühlen muss. All das lenkt vom tatsächlichen Problem ab. Bei aller Notwendigkeit für die echte und umfassende Gleichstellung der Geschlechter muss uns dennoch klar sein, dass ein Mann und eine Frau nicht das gleiche sind.

Sie haben entwicklungsgeschichtlich und genetisch programmierte Besonderheiten und Eigenschaften. Die kann man nicht einfach ignorieren. Ganz im Gegenteil: Diese Eigenschaften ergänzen sich wunderbar. Wenn man Männern erlaubt Männer zu sein, und Frauen erlaubt Frauen zu sein.

Es ist unsere Aufgabe als Männer die Grundlage dafür zu schaffen, dass Frauen nicht nur die Möglichkeit zur freien Entfaltung haben, sondern darauf auch Lust bekommen. Wir, die Männer, haben es auf gut Deutsch vermasselt und die Gesellschaft so werden lassen, wie sie ist. Es ist nur fair zu sagen, dass es unsere Aufgabe ist, das zu korrigieren.

Denn das ist genau das, was ein guter Mann tun würde.

Was ist denn nun ein "guter Mann"?

Ich will versuchen in diesem Buch eine Antwort darauf zu geben.

Ich will Dir nicht sagen, wie Du zu sein hast, damit Du als Mann giltst. Ganz im Gegenteil. Ich will Dir zeigen welche Auswirkungen es hat, dass uns allen von klein auf suggeriert wird, wie ein Mann angeblich zu sein hat.

Genau das führt doch dazu, dass Männer Masken tragen. Vieles von dem, was Du in diesem Buch liest, wirst Du nicht wahrhaben wollen.

Aber es ist wahr. Und erst, wenn Du die Wahrheit kennst, bist Du in der Lage selbst die Kontrolle über Dein Leben zu übernehmen.

Und über Deine Männlichkeit. Es liegt nur an Dir, ob Du ein guter Mann bist – oder eben nicht.

KEINE

MÄNNER

KEINE

ZUKUNFT

KEINE MÄNNER – KEINE ZUKUNFT

"Als König geboren,
als Marionette erzogen,
als Sklave benutzt.
Das ist der moderne Mann."

Dr. Alexander Madaus

SCHWÄCHE NÄHRT SICH SELBST

Es gibt Psychologen und Coaches, die es ablehnen das Wort "Problem" zu benutzen. Zu negativ sei es belegt und zu wenig konstruktiv die Reaktionen, die es auslöst. Diese Betrachtungsweise hat einen gewissen Charme. Das will ich nicht abstreiten.

In manchen Gesprächssituationen ergibt es sicherlich Sinn, auf diesen Begriff zu verzichten. Aber warum ist der Begriff "Problem" denn überhaupt ein Problem? Doch nur, weil die meisten Menschen zu wenig Kontrolle über ihre Gedanken und Emotionen haben. Sie werden allein von dem Wort „Problem“ in eine negative Gedankenspirale gezogen, die sie hilflos zurücklässt. Das ist Ausdruck der Schwäche und Verweichlichung, die unsere Gesellschaft befallen hat. Die wenigsten

Menschen sind noch in der Lage, mit den Anforderungen des Lebens zurechtzukommen.

Zeigt sich irgendwo im Alltag eines Menschen eine Schwäche, dann ist es die etablierte Reaktion, sie zu fördern und ihr Raum zu geben. Dadurch beschleunigt sich der Verfallsprozess, in dem sich unsere Gesellschaft befindet. Nüchterne Betrachtung der Fakten, Disziplin und Resilienz sind völlig aus der Mode gekommen. Sie werden mit sehr viel Argwohn und Ablehnung betrachtet. Wer sich diszipliniert verhält wird schnell als seltsam abgestempelt. Die Verfremdung der Realität hat sich als Strategie etabliert. Und zwar offenbar mit der Zielsetzung, dass keinerlei unangenehmen Gefühle entstehen dürfen – bei niemandem.

Daraus entstehen immer neue und immer absurdere Verhaltensregeln. Gleichzeitig fühlen sich die Menschen immer schneller und wegen nahezu allem angegriffen und beleidigt.

Opferhaltung ist der neue Standard.

Die Realität auszublenden ist zu einer Sucht, zu einer Manie geworden. Verantwortung für das eigene Leben zu übernehmen, darf man von niemandem mehr verlangen. Dies verändert selbst unsere Sprache in erheblichem Ausmaß. Neue Begriffe entstehen fast täglich, andere werden dafür regelrecht geächtet. Wer sich nicht an die neue Diktion hält, wird Ziel von Ablehnung und Ausgrenzung. Interessant, denn genau das beklagen doch genau die Menschen, die diesen neuen Sprachgebrauch fordern.

Die Folgen dieser offenbar gewünschten Unrealität sind Verfall und Zerstörung.

"Bodyshaming" ist einer dieser Begriffe.

Wer einem dicken Menschen sagt, dass er dick ist, macht sich des "Bodyshamings" schuldig. Es sind nun dessen Gefühle verletzt worden. Die Gefühle von Dicken darf man aber nicht verletzen. Denn die sind doch so verletzbar und unsicher. Weil sie dick sind. Anstatt etwas zu ändern und nicht mehr dick zu sein, zeigen sie lieber mit dem Finger auf jene, die den offensichtlichen Sachverhalt kommunizieren. Fakten dürfen nicht mehr als solche benannt werden. Das geht sogar so weit, dass Ärzten "Bodyshaming" vorgeworfen wird, weil die mit ihren Patienten über deren Übergewicht sprechen. Das müssen Ärzte tatsächlich aber sogar. Übergewicht ist die Hauptursache für Diabetes, hohen Blutdruck, Herzinfarkte, Schlaganfälle und Krebserkrankungen. Diese Krankheiten sind für über 80% der Behandlungsbedürftigen Patienten verantwortlich.

Über 70% der deutschen Bevölkerung sind schlicht zu fett. Die Millionen von Kranken und Toten, die daraus vollkommen unnötigerweise resultieren, lassen sich nicht einfach durch "political correctness" wegdiskutieren. Genau das wird aber versucht. Anstatt industrielle Nahrungsmittel streng und strikt zu regulieren, wird mit der "freien Wahl des mündigen Käufers" argumentiert. Dass beides gar nicht gibt fällt niemandem auf.

Übergewicht und Fettleibigkeit sind medizinische Diagnosen, nicht einfach nur salopper Sprachgebrauch. Dies sei hier ausdrücklich erwähnt.

Darüber hinaus ist es die ethische und standesrechtliche Pflicht eines Arztes, seine Patienten über Risiken und Maßnahmen zu deren Vorbeugung aufzuklären. Um die Übergewichts- und Krankheitspandemie aufzuhalten, wird allerdings von politischer Seite nichts unternommen. Selbst die deutsche Ärzteschaft hält sich fein zurück – zu viel Geld ist im Spiel. Verlogen und bigott. Anders kann man alle Beteiligten nicht bezeichnen. Der größte Teil von ihnen sind Männer. Die Realität zu ignorieren ist zu einer Religion geworden. An ihrer Stelle wird eine künstlich erschaffene Unrealität installiert.

Egal ob Klimakatastrophe, atomare Bedrohung, Ausbeutung von Schwellenländern – all das ist seiner gesamten Ausdehnung für alle sichtbar. Dennoch sieht es kaum jemand. Selbst die meisten Aktivisten kennen die tatsächlichen Fakten nicht. Viele von ihnen erzeugen im eigenen Interesse selbst eine Unrealität.

Um die Fakten Klar zu sehen, muss man sich selbst auf die Suche machen. Das tut nur kaum jemand. Die meisten verlassen sich auf die Massenmedien und deren Berichterstattung. Alles was der Öffentlichkeit präsentiert wird – sei es in den Medien oder den Äußerungen der Politiker – ist die Unrealität.

Es geschieht immer das gleiche: Fakten werden negiert, verdreht, verfremdet und am Schluss verworfen. Dann werden Entscheidungen aus Geld- und Machtgier getroffen. Es geht nicht darum das Richtige zu tun. Es geht darum Recht zu haben.

Als Barrack Obama Präsident wurde, hat er "100 Jahre Unabhängigkeit von Ölimporten" ausgerufen. Das massive Vorantreiben der extrem umweltschädlichen Verfahren Fracking und Ölsandextraktion war das Ergebnis.

Die Entscheidung eines Mannes, der absurderweise auch noch Friedensnobelpreisträger ist. Obama ist nicht anders als all die anderen, die nur mehr Profit wollen. Sie alle wollen ihren Reichtum und ihre Macht vermehren. Sie wollen Ihr Ego vor dem eigenen Spiegelbild befriedigt sehen.

Sie alle können aber die Realität nicht verändern: Egal was wir tun, es wird in absehbarer Zeit kein Öl mehr geben. Anstatt endlich die bereits verfügbaren Technologien zu nutzen, auszubauen und weiterzuentwickeln wird einfach weiter die Zerstörung des Planeten vorangetrieben. Es ist nur eine Frage der Zeit, wann die Ölvorkommen in der Arktis erschlossen werden und damit das letzte und eines der wichtigsten Biotope der Erde zerstört wird. Ich warte täglich auf die ersten Meldungen über Ölförderung in der Arktis.

Dies ist kein Buch über die Klimakatastrophe oder das Gesundheitssystem. Es gibt endlos viele Beispiele für dieses Schema. Wenige Menschen (über 90% davon sind Männer) treffen Entscheidungen für über acht Milliarden Menschen und nehmen deren Tod wissentlich und leichtfertig in Kauf.

Nahezu alle anderen Männer sehen oder stimmen zu.

All diese Männer – machtbesessene Despoten wie Mitläufer – besitzen keine Männlichkeit. Kein Kodex. Keine Ehre.

Genau deshalb werden wir mit hoher Wahrscheinlichkeit das Ende der menschlichen Zivilisation miterleben.

<u>Wir haben also definitiv ein Problem.</u>
<u>Ein großes Problem.</u>

Ein Männlichkeitsproblem.

DAS ENDE DER FREIHEIT

In den modernen Gesellschaften ist weltweit ein nahezu vollständiger Mangel an Männlichkeit zu erkennen.

Das bedeutet nicht, dass es keine genetisch als "männlich" determinierten Individuen mehr gibt. Aber es gibt kein echtes männliches Bewusstsein, keine männliche Identität und keinen männlichen Kodex mehr. Männer werden seit Generationen systematisch emotional und spirituell deformiert und verkrüppelt. Wahrhaftige Werte werden nicht mehr gelehrt. Besitz und Macht ist alles, wonach Männer streben sollen. Moral und Ethik spielen längst keine Rolle mehr.

Aus diesen gequälten Kreaturen und verdrehten Geistern werden die Zerrbilder, die wir in unserer Gesellschaft als "Mann" bezeichnen. Ohne Ehre, ohne einen Kodex oder moralischen Kompass. Getrieben von Gier und Geltungsdrang.

Das alles ist so erwünscht und wird deshalb mutwillig herbeigeführt und unterstützt. Es dient den Interessen der Mächtigen – also von sehr, sehr wenigen. Das klingt nun vielleicht zunächst wie eine Verschwörungstheorie. Es lässt sich leicht nachvollziehen und überprüfen. Jeder kann das Gleiche tun wie ich – Informationen sammeln. Dabei sind die Quellen wichtig. Diese müssen verlässlich sein. Das ist kein Problem. Viele der Wegbereiter dieser Entwicklung schreiben seit Jahrhunderten selbst sehr offen auf, was sie denken und wollen.

Die Mächtigen unserer Zeit folgen letztlich nur den Prinzipien, die sie selbst gelernt haben. Nur die Wenigsten von ihnen verstehen die Mechanik dieser Weltordnung. Am Ergebnis ändert das natürlich nichts.

Es geht nur um eines: Möglichst viele leicht steuerbare Arbeiter zu erzeugen. Diese sollen sich ohne Widerstand systemkonform in ihr vermeintliches Schicksal fügen. Sie sollen produzieren! Dienstleistungen und Waren und dadurch Geld vermehren. Geld, dass selbstverständlich nicht ihnen zufließt, sondern den Wenigen, die das Spiel kontrollieren. Dass diese Arbeitsdrohnen gleichzeitig jene sind, die den Mächtigen ihre Macht verleihen ist ihnen nicht klar. Entsprechend auch nicht, dass damit diese Macht auch jederzeit von den Gleichen Menschen entzogen werden könnte.

Zu tief sind die vermeintlichen Regeln des Lebens in sie einprogrammiert. Selbst wenn einer versucht das Konstrukt in Frage zu stellen wird er sich schnell der aufkeimenden Furcht ergeben. Furcht vor dem Verlust seiner Existenzgrundlage. Furcht vor dem Ausstoß aus der Herde der Schafe. Das System beschützt sich selbst.

Die Sklaven sind ihre eigenen Wärter.

WIE DER VATER...

Alle Männer und Frauen „wissen“, was "typisch männliche" Verhaltensweisen in unserer Gesellschaft sind.

Sie gehören zum Bild eines Mannes und werden daher akzeptiert (oder zumindest toleriert). Grölende Fußballfans mit dicken Bäuchen, die sich für gute Familienväter halten zum Beispiel. Pinkeln im Stehen, anzügliche Bemerkungen über fremde Frauen oder das unaufgeforderte Verschicken von Penisfotos gehören ebenso dazu. Die Liste ist lang – sehr lang

Diese als "typisch männlich" akzeptierten Verhaltensweisen sind zum großen Teil erlerntes Verhalten. Typisch männlich sind sie per se nicht – sie werden männlichen Kindern und Erwachsenen Männern lediglich so beigebracht und vorgelebt. Hier beginnt das Problem bereits. Wir alle erlernen Verhalten von den anderen Individuen in unserem Umfeld, insbesondere von unseren Eltern.

„Ich verschicke keine Penisfotos“ ist ein Gedanke der vielen Lesern nun wahrscheinlich als Ausrede nicht darüber nachdenken zu müssen in das Bewusstsein kommt. Wirklich nicht? Was, wenn dies nur eine Metapher für den Wunsch Frauen ist zu dominieren, um Ihnen zu zeigen „wer der Herr im Haus ist“. Nichts könnte weiter vom gewünschten Ergebnis wegführen. Verachtung ist der Effekt. Zurecht im Übrigen aus meiner Sicht

Der Vollständigkeit halber will ich an dieser Stelle erwähnen, dass es natürlich bei jedem Menschen bereits bei der Geburt vorhandene Charakterzüge und Verhaltensweisen gibt. Ein Großteil des Verhaltens, das wir als Erwachsener zeigen, ist allerdings erlernt. Während der ersten sieben Lebensjahre wird der größte Teil unserer späteren Verhaltensweisen geprägt. In dieser Zeit findet ein kontinuierlicher, ungefilterter und vom Kind unkontrollierbarer "Download" von Daten statt. Alles, was ein Kind in diesem Zeitraum erlebt, wird gespeichert.

Wissenschaftler gehen davon aus, dass in diesem Zeitraum ca. 80% unseres Charakters programmiert werden. Leider wissen das die wenigsten Eltern. Andernfalls wären sie sich der Tatsache wohl bewusst, dass sie die ihren Kindern immer als Vorbild dienen. Auch wenn sie nicht aktiv mit ihrem Kind interagieren. Kinder beobachten alles sehr genau. Die ganze Zeit! Aus diesem Grund werden viele Menschen zu einer Kopie ihrer Eltern oder des eines Elternteils. Die wenigsten bemerken dies.

Die Rolle des Mannes in einer Familie ist also außerordentlich wichtig. Vom Vater lernen Jungen wie sie sein sollen. Mädchen lernen von ihm, mit wem sie Zusammensein wollen. Jeder Mann muss sich darüber im Klaren sein, dass sein Verhalten das Schicksal der nächsten Generation direkt beeinflusst. In sehr erheblichem Ausmaß. Von unseren Vätern lernen wir, dass es offenbar unumgänglich ist, eine Maske zu tragen.

Nahezu jeder Mann trägt eine. Meist orientiert er sich dabei am Vorbild des Vaters. Auch dann, wenn dieser als Negativbeispiel dient. Im Laufe des Lebens werden oft verschiedene Masken getragen. Hin und wieder auch mehrere zur gleichen Zeit. Mit dem Erbe des Vaters beginnt so sprichwörtlich das Übel und nimmt seinen Lauf.

Wenn du die Frage weiter oben beantwortet und ein Bild von deinem Vater gezeichnet hast kann du jetzt schon davon profitieren. Gibt es etwas, was du als Verhaltensweise, als Maske übernommen hast? Siehst du jetzt bereits, dass da etwas gar nicht zu dir gehört? Das du etwas loslassen könntest?

Die wenigsten Männer legen wirklich Wert darauf, ein gutes Vorbild zu sein. Ich kann mich an ungezählte Gelegenheiten erinnern, in denen Männer im Beisein ihrer Kinder ihre schlechtesten Charaktereigenschaften ungehemmt ausgelebt haben.

Lügen, drohen, beschimpfen, andere übervorteilen – all das, was diese Männer auch sonst jeden Tag zeigen.

"Das sind doch Ausnahmen"? Oh nein, keinesfalls. Wer aufmerksam ist, kann und wird im eigenen Umfeld nahezu täglich solche Situationen beobachten.

Fast täglich sehe ich Väter, die ihren Kindern keine Grenzen setzen. Jeder hat sicherlich schon erlebt, wie Kinder im Restaurant oder in einem Geschäft herumrennen und -schreien, ohne dass die Eltern dem ganzen Einhalt gebieten würden. Das ist die aktuelle Auffassung von "kindlicher Selbstbestimmung". In Wahrheit ist es nichts weiter als Interesselosigkeit der Eltern. Männer glotzen lieber in ihr Smartphone, wenn sie mit ihren Kindern unterwegs sind, als sich mit ihnen zu beschäftigen. Die Kinder buhlen um Aufmerksamkeit und werden mit Missachtung belohnt. Was lernt ein Junge wohl daraus? Ganz richtig: So verhält sich ein Mann. Die enorme Bedeutung von Kommunikation und Empathie wird nicht vermittelt.

Kein Wunder, dass es fast ausschließlich dysfunktionale Beziehungen zwischen Menschen gibt. Gerade die jungen Menschen sind häufig kaum noch in der Lage normal mit anderen zu kommunizieren. Geschweige denn funktionierende Beziehungen aufzubauen. 16-jährige verfallen in Panik, wenn der Paketbote klingelt, und trauen sich nicht die Tür zu öffnen. Das ist keine Seltenheit.

Wenn die Kommunikation stirbt, dann ist das das Ende einer Gesellschaft.

ZERSTÖRUNG IST MÄNNLICH

Vieles, was als "typisch männlich" gilt, ist bestenfalls ekelhaft und abstoßend, oft aber regelrecht toxisch und destruktiv.

Das lässt sich am Zustand unseres Planeten sehr gut ablesen. Wir sind im Endspurt der Zerstörung aller Ökosysteme unseres Planeten. Dieser Status quo wurde fast ausschließlich von Männern erzeugt. Das ist die unangenehme Wahrheit.

Männer, Frauen, die Beziehung zwischen den Geschlechtern, die Gesellschaft, Liebe in jeder Form und unser Planet werden durch diese Verhaltensweisen beschmutzt, beschädigt und schlussendlich zerstört.

Getrieben von Gier und Selbstsucht nehmen sich Männer was sie wollen. Aus diesem Grund stehen alle Ökosysteme auf der Erde vor dem unmittelbaren Kollaps. Während Männer darüber verhandeln welche "Klimaziele" bis irgendwann einmal erreicht werden sollten. Obwohl absolut klar ist, dass wir diese Zeit gar nicht haben und wohl wissend, dass alle Ressourcen endlich sind. Dennoch werden alle Systeme mit immer größerem Druck ausgebeutet. Als gäbe es eine Sehnsucht nach der endgültigen Vernichtung.

Es sieht sehr danach aus, als würde die Evolution auf diese Weise ihre Aufgabe erfüllen und eine nicht überlebensfähige Spezies eliminieren.

Nun könnte man den schnöden Mammon dafür verantwortlich machen. Geld verdirbt bekanntlich den Charakter.

Das ist viel zu einfach!
Geld selbst hat keine Macht.
Es verleiht Macht
Genau das ist das Problem.

Menschen entscheiden immer selbst, was Geld aus ihnen machen soll. Es ist ohne Probleme möglich sich nicht von Geld verführen zu lassen. So wie es ohne Probleme möglich ist sich nicht von Alkohol, Drogen oder Pornografie verführen zu lassen. Dennoch gestatten die meisten Menschen in unserer Gesellschaft einer Substanz oder einem Verhalten, die Kontrolle über ihr Leben zu übernehmen. Auch die Ausrede mit den "niederen Instinkten" ist genau das. Nur eine Ausrede. Wir haben als Menschen, so lange wir geistig gesund sind, immer die Fähigkeit auf einer anderen Bewusstseinsstufe zu existieren. Allerdings entscheiden sich nur Wenige dafür, tatsächlich gut als Mensch zu sein. Das erfordert Disziplin und Arbeit. Es erfordert die konsequente Auseinandersetzung mit sich selbst.

Der einfachere Weg ist der, den fast alle Männer für sich wählen. Der Weg der Schwäche, der Lüge, der Bequemlichkeit und der Feigheit.

<u>Es ist viel leichter zu zerstören als zu erschaffen.</u>

Zeit für weitere Antworten...

...wenn du den Mut hast
wahrhaftig zu antworten:

Was macht Geld aus dir?
Was verkaufst du für Geld?

Was hast du bis jetzt, bis heute erschaffen?

Weil es leichter ist zu zerstören und somit auch keine Fehler drohen oder sogar Konsequenzen drohen entscheiden sich nur Wenige dafür, Schöpfer zu sein. Das überlassen sie gerne Anderen und werden lieber leichtfertig deren Nutznießer.

Bei genauer Betrachtung wird deutlich, dass sich die meisten Männer wie Parasiten verhalten: Sie handeln ausschließlich zum eigenen Nutzen und zerstören dabei den Wirt. Jeder will möglichst alles haben – aber niemand will dafür etwas tun.

Übermäßiger Konsum ohne entsprechendes Investment in die Ressourcen wird immer in den Untergang führen. Auch wenn dies klar ist, so wird es dabei doch geflissentlich ignoriert. "Für mich reicht es noch, alles in Ordnung!" - Das ist das Credo unserer Zeit. Diese grenzenlose Ignoranz hat uns zum allerersten Mal in der Menschheitsgeschichte an den Punkt geführt, an dem die totale Zerstörung der menschlichen Existenz nicht nur möglich, sondern auch sehr wahrscheinlich geworden ist. Sowohl durch die Zerstörung der Ökosysteme unseres Planeten als auch durch die immer größere Gefahr eines nuklearen Krieges ist die Auslöschung unserer Spezies ein absolut realistisches und immer wahrscheinlicheres Szenario.

Es hat keine hundert Jahre gedauert, um an diesen Punkt zu gelangen. All das ist das Resultat des Handelns schwacher Männer, die weder Ehre noch Moral besitzen. Der Mangel an Männlichkeit hat uns hierhergeführt.

Diese Schwäche hält diese Männer aber nicht davon an unablässig davon zu sprechen und zu proklamieren, dass ihre Kinder „es einmal besser haben sollen".

Was genau sie damit meinem bleibt vollkommen unklar. Was sie dafür tun ist dafür umso offensichtlicher: Absolut gar nichts.

Der Grund ist schnell und leicht gefunden. Die Antworten werden einfach in Fragen oder Erwartungen gekleidet:

Was soll ich denn allein machen?

Jemand anderes müsste mal was tun, dann würde ich mitmachen (was vermutlich auch eine Lüge ist).

Die anderen hatten nur Glück. Wenn ich doch auch mal so viel Glück hätte.

Auf mich hört ja sowieso niemand. (Ja, warum auch?)

Diese Beispiele ließen sich beliebig fortführen und sind vor allem Ausdruck einer anderen Art von Gewalt. Es ist passive Gewalt, die dafür eingesetzt wird Menschen klein zu halten.

Am Ende halten Sie damit Ihre Söhne klein und forcieren genau das Gegenteil von dem was sie doch angeblich wollen. Etwas besser machen.

Dazu später mehr.

SYMPTOMTRADITION UND FEHLENDES GEMEINSCHAFTSGEFÜHL

Menschen sind von Natur aus mit einer Programmierung versehen. Diese dient uns als Menschheit nicht mehr. Viele Wesenszüge wie Neid oder Gier können wir auch bei anderen Spezies beobachten. Sie sind offenbar sehr früh in der Evolutionsgeschichte entstanden, um das Überleben des jeweiligen Organismus und seiner Spezies zu sichern. Reproduktion ist das Ziel. Die Sicherung von Ressourcen ist notwendig, um dieses Ziel möglichst sicher zu erreichen. Dadurch, dass diese Triebe entwicklungsgeschichtlich alt sind, sind sie in Anteilen unseres Gehirns verankert. Diese können wir nicht bewusst steuern. Es ist im Gegenteil so, dass sie uns steuern. Und sie sind sehr mächtig. Vielen dieser Programme können wir uns so gut wie gar nicht widersetzen. Wir können lernen, bewusst die Kontrolle über unseren Geist und unsere Handlungen zu übernehmen. Dann sind wir nicht mehr Sklaven unserer eigenen uralten Programmierung.

Die Herausforderung für die Menschheit in ihrer Gesamtheit liegt darin, endlich bewusst zu werden und zu verstehen, was "Gemeinwohl" tatsächlich bedeutet. In diesem Moment sind 99,99% der Menschen auf diesem Planeten alle anderen Menschen völlig egal. So verhalten sie sich auch. Die Konsequenzen ihrer Handlungen sind ihnen völlig egal, solange sie nicht selbst davon betroffen sind. Das muss sich sehr schnell ändern.

Die Zeit läuft uns davon.

Wenn alle so weitermachen, haben wir keine 30 Jahre mehr, bevor das gesamte System "Menschheit" endgültig kollabiert und ausgelöscht wird.

Das Problem liegt in der Symptomtradition. Täter bringen Täter hervor. Wir alle lernen von der Generation vor uns. Die nachfolgenden Generationen lernen von uns. Damit ein fundamentaler Wandel eintritt, muss fundamental Neues erlernt werden. Solange wir uns also nicht aktiv und absichtlich verändern, wird das auch nicht in den zukünftigen Generationen (so es sie dann noch gibt) geschehen. Was seit tausenden von Jahren weitergegeben wird, hat in vieler Hinsicht offensichtlich nicht funktioniert.

Wissenschaft und Technologie entwickeln sich mit immer größerem Tempo weiter. Vieles davon wird genutzt, um die Zerstörung des Planeten immer schneller voranzutreiben. Was fehlt, ist die emotionale und spirituelle Weiterentwicklung der Menschen. Diesbezüglich ist in den letzten 6000 Jahren so gut wie nichts passiert. Wir sind Höhlenmenschen, die Auto fahren und Social Media nutzen.

Unsere Verhaltensweisen aber haben sich nicht verändert. Wir nutzen Technik und Technologie lediglich, um sie immer schneller und „besser" zu vollziehen und auszuleben. Wir nutzen Autos und Flugzeuge zur Fortbewegung und moderne Maschinen, um uns gegenseitig umzubringen. Wir sind immer noch gierig, hinterhältig, egoistisch und skrupellos.

Zu viele Menschen agieren nur getrieben von ihren Urinstinkten und praktisch ohne Moralkodex oder ein belastbares Wertesystem. All das führt zu den heute sichtbaren Auswirkungen. Kaum jemand hat eine Vorstellung davon, was das alles tatsächlich bedeutet. Wie unfassbar nah wir uns an der totalen Auslöschung der Menschheit befinden. Da ist es doch viel einfacher wegzusehen und sich selbst einzureden, dass man keine Verantwortung trägt.

"Ich kann daran doch auch nichts ändern"?

Doch! Kannst Du!

Zu einem winzigen Teil vielleicht. Millionen von winzigen Teilen ergeben in der Summe eine riesige Masse.

Es ist die Aufgabe jedes wirklichen Mannes, aktiv für das einzutreten, was richtig ist. Ohne das authentische Gefühl, Teil einer Gemeinschaft – und damit auch dafür verantwortlich – zu sein, werden wir diesen notwendigen Schritt als Menschheit nicht vollziehen können. Leider warten alle auf die Veränderung, bei der sie dann "mitmachen" können.

Dabei kann die Veränderung nur von jedem einzelnen ausgehen. So, wie es bereits Mahatma Gandhi formulierte: "Sei der Wandel, den Du in der Welt sehen willst."

Dieser Satz wird zwar ständig zitiert, aber nur von Wenigen verstanden. Dieses Leben des angestrebten Wandels muss das gesamte Leben eines Menschen umfassen und durchdringen.

Es ist ein universelles Konzept. Nichts was man gelegentlich tut und dann wieder nicht.

Wie sollen Menschen diesem Anspruch gerecht werden, wenn sie bereits für ihr eigenes Leben die Verantwortung abgeben? Dies ist unvorstellbar. Wenn jemand die Verantwortung für sich selbst nicht übernimmt, dann wird diese Person nicht in der Lage sein echtes Gemeinschaftsgefühl zu empfinden.

FEIGLINGE VERÄNDERN NICHTS

Die harte Wahrheit ist: Wir leben in einer Welt der Lügner, Feiglinge, Poser und Schwätzer.

Die allermeisten Männer drücken sich davor, Verantwortung zu übernehmen. Schwach und verweichlicht, wie sie sind erschreckt sie der Gedanke daran, möglicherweise für etwas einstehen zu müssen. Die eigenen Glaubenssätze an die aktuellen Machtverhältnisse anzupassen ist viel einfacher als eine eigene Meinung unverrückbar zu vertreten. Der Preis für die Illusion von Sicherheit ist die persönliche Freiheit. Freier Wille existiert nicht mehr.

Nahezu die Gesamtheit der Männer überlässt ganz wenigen Anderen die Macht.

Es ist essenziell endlich zu verstehen, dass Macht immer verliehen wird. Kein Mensch hat per se Macht über andere. Die sehr wenigen mächtigen Männer dieser Welt haben die Macht von den Schwachen, den Feiglingen, den Mitläufern verliehen bekommen. Dies geschieht immer aus Selbstsucht. Jeder will sich seinen vermeintlichen Vorteil sichern. Also laufen die Schafe nur zu bereitwillig leeren Versprechungen und Blendwerk hinterher. Sie hoffen dafür reich beschenkt zu werden. Sie sind die Erfüllungsgehilfen der Zerstörung. Ohne Schergen und Helfer hat kein Mann Macht über andere. Er hat nur Macht über sich selbst.

Nachdem unsere Gesellschaft – noch – überwiegend von Männern geführt wird, führt dieser fast totale Mangel an echter Männlichkeit zu all dem, was uns als Menschheit bedroht.

Feiglinge werden von Feiglingen regiert. Die feigen Pläne von Feiglingen werden von anderen Feiglingen ausgeführt, um den ganzen Rest der anderen Feiglinge zu dominieren.

Dabei sollte allen eines absolut bewusst sein: Jene, die aus Feigheit "einfach nur Befehle ausführen" sind die Wahrhaft schuldigen: Sie ganz allein hätten die Macht all das Böse zu verhindern. In Deutschland hat man dieses Verhalten treffend "Mauerschützenmentalität" genannt. Sie umschreibt den Zustand, wenn sich ein Mensch auf die Position "Ich habe nur Befehle ausgeführt" zurückzieht, wenn er Böses getan hat. Diese Verhaltensweise ist zur Volksmentalität geworden. Ständig reden Männer davon, dass sie angeblich "keine Wahl" gehabt hätten. Dabei waren sie jeweils nur zu feige, unangenehme Konsequenzen in Kauf zu nehmen.

Auf diese Weise machen sich die Menschen täglich selbst zu Sklaven.

Sie schätzen die Illusion von Sicherheit mehr als echte Freiheit.

Lieber gut gefüttert in der Herde. Was soll's, wenn am Schluss der Schlachthof wartet.

Das stimmt doch alles gar nicht?
Okay

Beantworte Bitte nur
und ganz allein für dich
diese Frage:

Mit welchem Argument
kannst und willst
du den Gegenbeweis
antreten?

Fairerweise muss an dieser Stelle gesagt werden, dass es niemanden von Einfluss gibt, der den Menschen eine echte Alternative anbietet.

Es erscheint deshalb den meisten so, als bliebe ihnen keine Wahl, wenn sie nicht ihr eigenes Wohlergehen gefährden wollen. Wenn sie sich umsehen, dann erkennen sie, dass alle anderen es ihnen gleichtun. Es ist für Menschen von großer Bedeutung, sich dem Kollektiv anzupassen. Dieses Verhalten ist tief in unserer Psychologie verankert. Darum helfen Menschen nicht, wenn jemand am hellen Tage überfallen wird. So lange niemand beginnt zu helfen, bleiben alle wie erstarrt stehen. Denn das ist es, was das Kollektiv in diesem Moment offenbar tut. Nichts. Mitmachen statt selbst denken ist menschliche Natur.

Die meisten Menschen wollen geführt werden. Selbst möglichst wenig Entscheidungen treffen zu müssen gibt ihnen ein Gefühl von Sicherheit. Darum folgen sie den Mächtigen und werden zum willfährigen Instrument der Dunkelheit. Und auch wenn sie mitunter ein schlechtes Gewissen plagt, so gibt es doch in ihrer Welt häufig keine erkennbare Alternative. Das Anerkenntnis der eigenen Machtlosigkeit führt zu einem selbst verursachten Sklavendasein.

Was fehlt, ist ein Nordstern, dem sie folgen könnten. Eine plausible Alternative zu der Art, wie sie heute leben. Die Möglichkeit anders zu handeln, ohne aus der Gemeinschaft ausgeschlossen zu werden.

Jeder von uns kann so ein Nordstern, ein Leuchtturm sein.

Dazu braucht es keine revolutionären Bestrebungen oder offenen Widerstand. Einfache Veränderungen des eigenen Verhaltens können signifikante Veränderungen in anderen Menschen auslösen.

Wie wäre es zum Beispiel damit, die Entscheidung zu treffen nur noch die Wahrheit zu sagen?

Es besteht dabei ein typisch menschliches Problem: Solange niemand den ersten Schritt macht, warten alle ab. Das nennt man einen "Stuck State" – das System steckt fest. Jemand muss sich zuerst bewegen. "Aber warum denn ich? Das soll doch bitte jemand anders machen!" – das ist die typische Reaktion eines Feiglings.

"Ich gehe selbstverständlich voran."
Das ist die Reaktion eines Mannes.
Eines echten Mannes.

Nicht weil ihm Furcht fremd ist, sondern weil er mutig ist. Weil er für etwas steht. Weil er einem Kodex folgt, der sein Leben bestimmt und der ihm Halt und Richtung gibt.

DIE FEHLENDE PERSPEKTIVE

Wie immer bestätigen auch in diesem Fall Ausnahmen die Regel. Natürlich gibt es Männer in Deutschland, die anders sind. Ehrlich, aufrichtig, mutig und unbeugsam.

Sie sind eine Seltenheit geworden. Die meisten von ihnen vermeiden es, sich in den Vordergrund zu drängen. "Der Klügere gibt nach" – das hat zur Herrschaft der Idioten geführt.

Dies ist der Effekt der Symptomtradition von mehr als 100 Jahren. Die großen Kriege des vergangenen Jahrhunderts haben in Kombination mit der Industrialisierung und der Einführung der "New Economy" vor 40 Jahren das Bild von Männlichkeit in unserer Gesellschaft dramatisch verändert. Anstatt der maskuline Pol einer Familie zu sein, der Werte und Qualitäten vermittelt wurde der moderne Mann zu einer Karikatur. Er wurde zu einem Sklaven, der willfährig tut was von ihm erwartet wird. Er wurde zu einem Geldautomaten, der Geld ausspuckt und dafür Zuneigung, Respekt und Macht erwartet.

Diese Veränderung ist desaströs. Die Auswirkungen zeigen sich überall. Vor allem in der gnadenlosen Ausbeutung aller Ressourcen und der Zerstörung unseres Planeten.

Es ist nicht verwunderlich, dass es so gekommen ist. Seit Generationen werden nahezu alle Männer als Sklaven erzogen.

Ihre Flucht aus dieser scheußlichen Realität ist die Negierung der eigenen Persönlichkeit. Das erreichen sie durch verschiedenste Strategien der Selbstbetäubung.

Das Ergebnis ist katastrophal. Für die Gesellschaft und für die Männer selbst. Dass es eine Alternative zu dieser Art der Existenz gibt, ist kaum einem Mann bewusst. Darum verharren die meisten in ihrer Starre und sind so, wie Männer eben sind. Sie suhlen sich häufig in den Niederungen menschlicher Existenz und verschwenden keine Gedanken daran, dass das letztlich eine unwürdige Art zu leben ist. Frauenfeindlich, missgünstig, neidisch und gierig ernähren sie nur ihr Ego. Ihr Leben verpassen die meisten Männer vollkommen.

Die Menschen, die in unserer Gesellschaft als "Mann" bezeichnet werden, sind vielfach nur Feiglinge und Opportunisten. Rückgratlose Kreaturen, die nahezu vollständig unfähig sind, echte empathische Verbundenheit mit anderen Menschen herzustellen. Sie sind bereit alles und jeden zu verraten, um sich ihren eigenen Vorteil zu sichern. Die Bezeichnung "Mann" dient nur mehr der Identifikation des Geschlechts. Mit Männlichkeit hat sie in aller Regel nichts gemein.

Ein großer Teil der Männer spürt diesen Zustand. Auch spüren sie, dass er nicht richtig sein kann.

Sehr viele suchen nach der Antwort auf die Frage was Männlichkeit denn nun wirklich bedeutet. Ich selbst werde andauernd danach gefragt.

Wer sich auf die Suche begibt findet überwiegend Scharlatane, die behaupten die Antwort zu kennen.

Damit versuchen sie in der Regel nur die eigene Unsicherheit, Angst, Verlorenheit und Verlogenheit zu überdecken. Die meisten von ihnen haben Angst vor Frauen und versuchen deshalb, Frauen zu dominieren. Viele von ihnen haben das Mäntelchen des "Männlichkeits-Coaches" angezogen. Darauf werde ich später noch genauer eingehen.

Männer sind seit Generationen überwiegend verzweifelt.

Sie versuchen sich irgendwie als Mann zu etablieren. Ohne eine genaue Vorstellung davon zu haben, was das im Einzelfall für sie bedeutet.

Die Realität, die sie bereits in frühestem Kindesalter kennenlernen ist völlig deformiert und verzerrt. Was es bedeutet ein Mann zu sein und die eigene männliche Identität zu leben, erfährt kaum noch jemand.

Das verwundert nicht weiter – schließlich haben Frauen überwiegend die Kontrolle über die Erziehung und Prägung männlicher Kinder übernommen.

Aus defekten Mädchen werden Monster

"So wie
Eisen Eisen schleift,
so schleift
ein Mann den anderen"

Sprüche, 27:17

DER MANN IM HAUS – FEHLANZEIGE

Männer spielen seit mehreren Generationen bereits eine immer geringere Rolle bei der Erziehung von Kindern. Es gibt eine Reihe von Gründen, die dazu geführt haben.

So hat der Beginn der Industrialisierung vor rund 100 Jahren, die bis dahin übliche Familienstrukturen völlig verändert. Während Anfang des 20. Jahrhunderts noch über 85% der Arbeitskräfte in der Landwirtschaft gearbeitet haben, sind es heute nur etwas mehr als 1%. Landwirtschaft wurde traditionell im Familienverbund betrieben. Der Vater hat deutlich mehr Zeit mit den Kindern verbracht als es heute üblich ist.

Nicht zuletzt deswegen, weil diese früh anfingen im elterlichen Betrieb mitzuarbeiten. Wissenstransfer und direkter Austausch waren an der Tagesordnung.

Die Industrialisierung hat dazu geführt, dass der Mann morgens das Haus verlässt und dann irgendwann am späten Nachmittag oder Abend nach Hause kommt.

Die gemeinsame Zeit mit der Familie ist stark begrenzt. Das Interesse vieler Väter an ihren Kindern auch. Selbst wenn ein Mann Zeit mit der Familie verbringt, so kann er trotzdem nicht als Vorbild dienen. Er hat ja selbst keines gehabt.

EMOTIONEN SIND UNERWÜNSCHT

Die großen Kriege des letzten Jahrhunderts haben durch die Militarisierung der Gesellschaften dafür gesorgt, dass Gefühle bei Männern verpönt waren und als unerwünscht angesehen wurden.

Im Kontext der bewaffneten Auseinandersetzung macht es durchaus Sinn die eigenen Emotionen zu kontrollieren. Dort sind sie hinderlich. Außerhalb des Schlachtfeldes allerdings ist die Unterdrückung von Gefühlen schädlich für jegliche Art von Beziehung zwischen Menschen. Gefühle wurden den Frauen sozusagen "überlassen". Gefühle auszudrücken, gilt immer noch als typisch weibliches Verhalten – und somit als unmännlich. Das bis dahin klassische Rollenbild – der Mann arbeitet, die Frau versorgt die Kinder und den Haushalt – hatte Bestand. Erziehungsberufe sind nicht zuletzt wegen dieses Rollenverständnisses überwiegend für Frauen interessant.

Das Ergebnis ist eine nahezu ausschließlich weiblich geprägte Umgebung, in der der Großteil unserer Kinder jeden Tag lernt, was Männlichkeit „ist“ und wie ein Mann sein sollte. Sie lernen es von Frauen.

Der Raum dafür wird von den Männern frei gemacht. Weil die sich immer weniger um ihre Kinder und insbesondere um Ihre Söhne kümmern.

<u>Vorbildfunktion Fehlanzeige.</u>

So füllen nun Frauen dieses Vakuum, das die Männer erzeugen. Dies ist in der Natur ein normaler Vorgang.

Wo immer eine Spezies sich zurückzieht, wird eine andere beginnen zu dominieren. Das führt allerdings immer zu katastrophalen Auswirkungen – nicht nur im direkt betroffenen Ökosystem. Nichts auf diesem Planeten existiert isoliert vom Rest. Die Schockwellen, die solche Dysbalancen durch das gesamte System schicken, sind erheblich. Die Klimakatastrophe ist das Ergebnis solcher Effekte. Genauso die großen platzenden Blasen im Finanzsektor.

Es ist leicht selbst zu beobachten, wie die zunächst grenzenlose Ausbreitung von einzelnen Interessen am Ende zu erheblichen Konsequenzen für die gesamte Gesellschaft, oder sogar für die ganze Menschheit führt. So auch in diesem Fall. Anstatt Männer zu emotional reifen und verantwortungsbewussten Menschen zu erziehen werden sie immer weiter in die Enge getrieben.

Dies geschieht in der Hoffnung, dass so ihre unerträglichen Neigungen und Verhaltensweisen Schritt für Schritt aus der Gesellschaft entfernt werden können. Nun tun viele Frauen, allen voran die engagierten Feministinnen, genau das, was sie selbst verabscheuen und seit Jahrhunderten bekämpfen: Sie agieren mit Druck, Diffamierung, Gesetzen und Verboten. Anstelle der Förderung männlicher Qualitäten bereits im Kindesalter wird den erwachsenen Männern immer wieder gesagt, wie fehlerhaft sie doch sind.

Da kaum ein Mann ein echtes Rollenverständnis hat und die meisten sowieso schon zutiefst verunsichert sind, steigt die Verwirrung immer weiter an.

Ein verwirrter Geist entwickelt immer mehr bizarre Verhaltensmuster. Unverarbeitete Emotionen vergiften langsam den Verstand, und oft genug liegt das persönliche Heil dann nur noch in der Befriedigung dunkelster Gelüste und Sehnsüchte. Diese werden natürlich kommerziell bedient. Damit lässt sich viel Geld verdienen. Durch das wachsende Angebot erscheint es den heranwachsenden Männern immer normaler, unkontrolliert und hemmungslos jedem gierigen Impuls nachzugeben. Es ist ein Strudel in unserer Gesellschaft entstanden. Stärker und stärker werdend verborgen unter der spießigen und bürgerlichen Oberfläche.

Das Resultat ist die zunehmende Pervertierung des Verhältnisses zwischen Männern und Frauen. Männer (Ausnahmen bestätigen die Regel) werden immer frauenfeindlicher und distanzloser. Sie spüren die übermäßige Abhängigkeit vom Wohlwollen der Frauen. Viele suchen einfach nur noch nach einer neue Mami. Andere sind auf der Suche nach einer willigen Sexsklavin.

Ein wirklich gesundes Verhältnis zu Frauen haben nur noch wenige. Alle tun aber so, als hätten sie es. Der "typische" deutsche Mann ist emotional völlig unreif, verweichlicht bis ins Mark und ständig in der Opferrolle. Anspruchshaltung ersetzt Leistung und Disziplin.

Er diskutiert lieber als zu handeln und lehnt Verantwortung ab. Er will einfach haben – egal ob es ihm zusteht.

Mal schnell an den Hintern der Kollegin gefasst – die soll sich mal nicht so anstellen. Warum? Weil's geil ist. Das ist widerwärtige Normalität in Deutschland.

Warum lernen Jungen nicht, wie Männlichkeit "funktioniert"? Weil sie in aller Regel kaum Zeit in Gegenwart von echten Männern verbringen. Ist der Vater zugegen, dann beschränkt sich die Kommunikation in aller Regel auf Dinge wie Schule, Fußball oder ähnliches. Einen Wissenstransfer über Männlichkeit, männliche Werte und ein männliches Ethos gibt es nicht. Wie auch? Seit Generationen wird von Männern keine Männlichkeit mehr vorgelebt. Frauen versuchen diese Lücke zu füllen. Sie tun ihr Bestes (oder das, was sie dafür halten) – aber eine Frau kann nun einmal die Verbindung zu anderen Männern nicht ersetzen.

Es gab 2019 über 2,2 Millionen alleinerziehende Mütter in Deutschland. Bei einer Geburtenrate von ca. 700.000 Kindern pro Jahr eine erhebliche Anzahl. An dieser Stelle ist zu berücksichtigen, dass auch in den meisten bestehenden Ehen bzw. Partnerschaften die Mutter quasi alleinerziehend ist. Hinzu kommt, dass der größte Teil der Erzieher bzw. Lehrer Frauen sind. In Kindergärten und Vorschule über 90%, in der Grundschule über 80% und in Realschule und Gymnasium immer noch über 60%. Männliche Kinder wachsen also überwiegend in weiblicher Gesellschaft auf.

Eine Frau kann niemals als männliches Vorbild dienen – so wie ein Mann nicht als weibliches Vorbild dienen kann. Das ist schlicht unmöglich.

Es ist nicht möglich, sich in die andere Geschlechterrolle "hineinzudenken".

Dennoch sind mittlerweile viele Frauen überzeugt davon, sie wüssten was in einem Mann vorgeht. Als Mutter verlockt die Idee, einen "besseren" Mann aus dem eigenen Sohn zu machen und ihn dementsprechend zu prägen.

Dies führt zu vielen Konflikten und verschlimmert die Verunsicherung und Unselbstständigkeit eines heranwachsenden Mannes erheblich weiter. So werden Frauen Mitverursacher der von ihnen Beklagten Realität.

Das ist aber sehr übertrieben

Wirklich?

Bitte gestatte dir selbst nur
5 freie Minuten.
schau dir dein
persönliches Umfeld an:

Wer hat Hoheit über
die Erziehung der Jungen?

Wer ist Modell und
Entscheider, was Jungen zu
denken, zu tun und zu lassen
haben?

JUNGEN: ALS PROBLEM BETRACHTET – ZUM PROBLEM GEMACHT

Bereits von der Vorschule an werden Jungen wie defekte Mädchen behandelt. Das Verhalten von Mädchen – artig, ruhig, folgsam – wird als der "Goldstandard" angesehen.

Jungen haben natürlicherweise einen deutlich höheren Bewegungsdrang als Mädchen. Sie können sich schlechter konzentrieren und werden leichter abgelenkt. Auch das ist völlig normal. Leider passen diese Verhaltensweisen nicht in die uniforme Herangehensweise des Schulsystems. Alle Kinder sollen sich genau gleich verhalten, Abweichungen werden pathologisiert (für "nicht normal" erklärt), stigmatisiert und bestraft.

Dass Jungen sich nicht wie Jungen verhalten dürfen, hat erhebliche Konsequenzen für das heranwachsende Kind. Neurologie und Hormonstatus werden aus der natürlichen Bahn geworfen. Verhaltensauffälligkeiten sind die Folge. Die Diagnose "ADHS" wird bei Jungen über dreimal häufiger gestellt als bei Mädchen. Warum wohl? Dabei existiert diese "Erkrankung" nicht einmal. Ich teile diesbezüglich die Ansicht vieler Experten, die "ADHS" für nichts weiter als eine Ausrede halten, um sich nicht mit den wirklichen Bedürfnissen der Kinder auseinandersetzen zu müssen. Für Lehrer (meist Lehrerinnen) ist es doch viel einfacher "ADHS" auszurufen, als sich mit dem Kind zu beschäftigen.

Einmal zu viel gezappelt – schon hat das Kind ein ADHS.

Ich plädiere dafür die Lehrer(innen), die am häufigsten "ADHS" proklamieren, aus dem Schuldienst zu entfernen.

Das perverse an der ganzen Situation ist, dass nun plötzlich die Eltern in der Pflicht sind, diesen Verdacht zu widerlegen oder eben das "problematische" Kind behandeln zu lassen. Die Pharmaindustrie freut das alles sehr. Es ist gut etabliertes Konzept in unserer Gesellschaft: Gleichschaltung durch Psychopharmaka. Wer sich anders verhält oder anders fühlt bekommt eine Pille. Abweichler werden nicht toleriert, auch von vielen Kinderärzten nicht.

Verhaltensauffälligkeiten aller Art werden in das kindliche Gehirn einprogrammiert und über lange Zeit trainiert und erlernt. Angststörungen bei Kindern steigen international stark an, genauso wie zwanghaftes Verhalten. Selbst Kinder bekommen mittlerweile ein sogenanntes "Burn Out-Syndrom". Sie werden zuerst gezielt deformiert und dann als "verhaltensauffällig" stigmatisiert. Nun erfährt das Kind ständig Ablehnung und Bevormundung aufgrund seiner "Schadhaftigkeit".

Jugendpsychiater vieler Länder warnen bereits seit Jahren vor immer weiter ansteigenden Zahlen an Kinder- und Jugenddepressionen. Aktuell besonders und sehr stark unter Jungen. Unter diesen Bedingungen werden im Erwachsenenalter daraus viele problematische Verhaltensweisen, die in der Schwere der Ausprägung seit Jahrzehnten zunehmen.

Von Beginn ihres Lebens an lernen Jungen, dass sie ein Problem sind.

Ihre Emotionen sind unerwünscht. Ihre typischen jungenhaften (später männlichen) Verhaltensweisen ebenfalls.

Sie sind umgeben von Frauen und betaisierten Männern. Urmännliche Qualitäten und Werte können sie weder beobachten noch am Beispiel erlernen. Von Frauen erfahren sie überwiegend Bevormundung, Begrenzung und Verurteilung.

Jungen werden bemuttert und gezielt entmännlicht, um sie zu brav funktionierenden Beta-Männern zu machen.

FRAUEN SIND AUCH GEWALTTÄTIG

Es ist letztlich auch Gewalt in verschiedensten Formen, die Jungen von Frauen erfahren.

Einem Menschen zu verbieten vollumfänglich er selbst zu sein, ist gewalttätig.

Einen Menschen unkritisch in das Korsett der eigenen Moralvorstellungen zu pressen ist gewalttätig.

Frauen sind im zwischenmenschlichen Bereich sehr häufig und sehr bereitwillig gewalttätig, auch untereinander. Dabei spielt körperliche Gewalt eine untergeordnete Rolle. Mobbing ist ein „beliebtes“ Mittel, welches häufig von Frauen eingesetzt wird. Sie wenden es deutlich subtiler an als Männer. Das ist der Grund, warum es nicht so auffällt.

Ich habe jahrzehntelang in Krankenhäusern gearbeitet und auch dort viel über die Verhaltensweisen von Frauen lernen können. Die Krankenpflege ist ein traditionell überwiegend von Frauen ausgeübter Beruf. Auch der Arztberuf ist mittlerweile weiblich dominiert. Ich habe einige Jahre in der Krankenpflege gearbeitet, bevor ich in die Rolle als Arzt wechselte. Ich war immer wieder erstaunt und entsetzt, wie unehrlich und hinterhältig Frauen miteinander umgehen.

Es gab immer die Bildung von kleinen Gruppen. Ich nannte sie die "Clubs". Sie zeichneten sich dadurch aus, dass Mitglieder jeweils über alle anderen "Nicht-Clubmitglieder" hinter deren Rücken herzogen.

Ich war wirklich fassungslos über das Maß an Illoyalität von Frauen. Dabei änderte sich die Zusammensetzung der "Clubs" ständig. Abhängig vom Schichtplan zum Beispiel.

Wer gestern noch "gut Freund" mit Person A war, machte diese nun im Rahmen des anderen "Clubs" schlecht. So ging es munter reihum. Sie versuchten auch mich für ihren "Club" zu rekrutieren. Als klar wurde, dass ich daran kein Interesse hatte, wurde ich einfach von allen geächtet. Zu niemandem zugehörig bedeutet, all die Aufgaben zu bekommen, auf die die Damen keine Lust hatten.

Es war mehr wie auf einem Gefängnishof. Dort muss man sich auch fast zwingend einer Gemeinschaft anschließen, um nicht ständig Opfer von Gewalt zu werden.

Die seelische Gewalt, auf die sich Frauen spezialisiert haben, ist mindestens ebenso traumatisierend und schmerzhaft, als würde man verprügelt. Frauen manipulieren, indem sie Emotionen gezielt einsetzen oder Zuneigung entziehen. Jedes Kind muss erst einmal lernen, was Emotionen überhaupt bedeuten. Sie zu kanalisieren und zu beherrschen ist der nächste Schritt. Das beherrscht allerdings bereits kaum ein Erwachsener Mensch in Deutschland wirklich. Gefühle zu unterdrücken gilt hierzulande als "Kontrolle". Also wird auch das Kind von Beginn an lernen, seine Emotionen als etwas negatives abzulehnen.

Das macht es automatisch zum Unterlegenen gegenüber jeder Person, die Emotionen manipulativ benutzten kann. So wie es Frauen häufig tun.

Der Wunsch, leicht kontrollierbare und ihrem Weltbild entsprechende "Männer" zu erschaffen, wird den Frauen zum Verhängnis.

Die meisten Jungen wachsen heran ohne tatsächliche Wertschätzung, geschweige denn Respekt gegenüber Frauen zu entwickeln. Zu schwer wirkt für viele das Trauma der Unterdrückung. Der Effekt ist diese, letztlich von uns Männern aktiv erschaffene und für Frauen toxische Gesellschaft. Dieser Umstand sorgt wiederum dafür, dass Frauen gerne andere Männer "erzeugen" möchten und Generation auf Generation versuchen nach ihrem Bild zu formen.

Damit deformieren sie allerdings den heranwachsenden Mann. Er wird zu dem, was sie am meisten ablehnen. Die Bestrebungen des toxischen Feminismus sind nahezu vollständig kontraproduktiv. Mit jeden errungenen Sieg der Feministinnen wird der Graben tiefer. Die Männer werden immer mehr verunsichert. Nahezu täglich gibt es mehr Vorwürfe und Beschränkungen. Aber niemand sagt ihnen, was sie tun sollten.

All die unterdrückten Emotionen, die dadurch entstehen, können nicht einfach verschwinden. Männer haben seit Jahrtausenden bereits Angst vor der Macht der weiblichen Energie. Darum suchten sie erst ihr Heil in der Unterdrückung der Frauen in der Gesellschaft. Diese Angst wächst nun immer weiter. Selbst wenn ein Mann nach anderen Antworten sucht, so findet er sie nicht. Aus Angst resultiert am Ende immer Gewalt. Und die zeigt sich immer noch am deutlichsten in der fortgesetzten sexuellen Ausbeutung von Frauen.

DOMINANZ STATT LIEBE

Pornografie ist so gut wie immer eine Darstellung von Gewalt gegen Frauen.

Frauen werden in diesen Filmen dominiert, unterworfen und als Objekt behandelt. Sie dienen ausschließlich dem Lustgewinn der Männer. Diese Darstellung der männlichen Dominanz, in der der Penis als Waffe benutzt wird, um die Frau zu unterwerfen, ist Ausdruck des Minderwertigkeitsgefühls der meisten Männer.

Frauen kontrollieren die Reproduktion und damit auch den Zugang zu Sex. Kluge Frauen nutzen dies seit Jahrtausenden zu ihrem Vorteil, um Männer zu manipulieren. Männer sind abhängig von der Entscheidung der Frau – das macht sie wütend und aggressiv.

Der ständig wachsende Wunsch der Konsumenten nach immer härteren Perversionen in der Pornografie sollte diesbezüglich ein eindeutiges Alarmzeichen sein. In Deutschland wird weltweit – mit Abstand – am meisten Pornographie konsumiert.

Wie Intimität und Liebe sich wirklich anfühlen, wissen nur die wenigsten Männer. Im Bett sind sie in aller Regel komplette Nieten, nur auf die eigene Befriedigung aus. Reale Frauen schüchtern die meisten Männer ein, denn sie sind echte Menschen und dann doch keine Sexpuppen. Anstatt mit einer Frau tatsächlich zu reden, weichen gerade junge Männer immer mehr auf Pornos und Dating-Apps aus.

Für viele ist es gar nicht mehr möglich, normalen Sex zu haben. Der ständige Konsum von Pornographie hat sie stumpf für die reale Welt, für echte Sexualität werden lassen.

Hinzu kommt, dass der Konsum von Pornografie eine der Haupt-Sedierungsstrategien von Männern ist. Abends wird im fahlen Schein des Computermonitors noch schnell für eine vorübergehende Entlastung der ständigen Angespanntheit gesorgt, während die eigene Frau mal wieder bereits allein ins Bett gegangen ist. Die Hotels sind voll von Männern auf Dienstreisen, die den Tag so beenden.

Immer mehr Männer glauben, dass sie von Frauen im Bett genau das gleiche erwarten können, was sie in den Pornos gesehen haben. Frauen werden heute eher mehr als Sexobjekt betrachtet als früher. Der Geschlechtsakt wird als Trophäe, als Statussymbol betrachtet.

Hoffentlich kommt hier jetzt keine Frage
zu meiner Sexualität,
meiner Realität und
meinen Vorstellungen ...

... waren dies deine Gedanken
als du dieses Thema auf
den vorherigen Seiten gelesen hast?

Warum?

Die Zunahme der sogenannten "Dating-Coaches" und "Pickup-Artists" ist eine der widerlichen Konsequenzen. Sie locken die armseligen Kreaturen an, die keine Verbindung zu sich selbst haben. Männern, denen jegliche Fähigkeit fehlt mit einer Frau normal zu kommunizieren, wird beigebracht Frauen so zu manipulieren, dass sie mit ihnen ins Bett gehen. Danach soll sie "entsorgt" werden – das ist üblicher Jargon in der Pickup-Szene. Frauen, die nicht sofort zu Sex bereit sind, werden in Foren und Social-Media-Gruppen der Pickup-Szene als "komplizierte dumme Schlampen" bezeichnet, denen man "ihren Platz zeigen" muss.

Männern ohne Männlichkeit wird beigebracht frauenfeindlich zu denken und zu handeln.

Da die Selbstunsicherheit von Männern in ihrer geschlechtsspezifischen Rolle so groß ist, haben solche Angebote immer mehr Zulauf. Wie eine Frau behandelt werden sollte, versteht – unter anderem aus diesem Grunde – kaum noch ein Mann. Frauen sind Objekte, die der eigenen Befriedigung dienen. So läuft heute überwiegend die Kommunikation zwischen Männern ab, wenn es um Frauen geht. Viele Männer teilen selbst diese Ansicht gar nicht – aus Feigheit und um nicht aus dem Kollektiv geworfen zu werden, machen sie aber mit.

So verrohen Männer immer mehr. Die Statistiken bezüglich sexueller Belästigung, Vergewaltigung und Missbrauch (auch in der Ehe) sprechen in dieser Hinsicht eine mehr als deutliche Sprache.

Mir wurde immer wieder von einem Buch berichtet, dass offenbar viele unmännliche Männer als eine Art Offenbarung betrachten. "Lob des Sexismus" ist der Titel dieses Machwerks. Dabei handelt es sich um ein absolut widerwärtiges Pamphlet, das direkt und unverhüllt dazu auffordert, Frauen wie Dreck zu behandeln um sich als Mann selbst zu erhöhen. Alles, was in diesem Buch beschrieben wird, dient ausschließlich dazu Frauen zu willfährigen Sex-Dienerinnen zu machen und ihre freie Entfaltung als Person zu unterdrücken. Ein eigener Wille soll einer Frau nicht zugestanden werden, denn angeblich sehnen sich alle Frauen nach der Unterdrückung durch einen überheblichen und respektlosen Macho.

Es ist mir schleierhaft, wie ein auch nur halbwegs intelligenzbegabter Mensch ernsthaft glauben kann, dass es in Ordnung sei, einen anderen Menschen so zu behandeln wie es in hier empfohlen wird.

Der moralische Kompass eines solchen Mannes muss solchermaßen defekt sein, dass man sich wundern muss, dass er allein den Weg aufs Klo findet.

Was diese Art von „Männern“ in unserer Gesellschaft sonst noch anrichten sehen wir.

Dieses Machwerk nenne ich hier stellvertretend für all die Bücher, Blogs, Podcasts und Videos, die genau solche Dinge verbreiten. Ich fordere jeden Mann auf, solche Inhalte zu boykottieren.

Sie sind destruktiv für die sowieso schon sehr fragile Beziehung zwischen den Geschlechtern und treiben verzweifelte und ziellos umherirrende Männer noch weiter in eine Wahnwelt, die es nicht gibt und auch nie gegeben hat. Das muss aufhören. Unbedingt.

MÄNNER SIND VERANTWORTLICH

Viele Männer möchten gerne die Schuld für die Misere der Männer auf die Frauen abwälzen.

Es gibt zum Beispiel sogenannte "Männlichkeits-Coaches", die genau das tun. Sie schieben die Verweichlichung der Männer ausschließlich der Frauen in die Schuhe. Von "toxischer Weiblichkeit" ist bei ihnen die Rede. Männliche Dominanz verkaufen sie als Lösung.

Damit sind sie auch nur etwas schickere Kopien der unseligen Dating-Coaches. Die Realität der sexuellen Ausbeutung und der täglichen Übergriffe auf Frauen wird von diesen Männern einfach geflissentlich ignoriert. Nach dem Motto "Die Frauen sind doch selber schuld".

Es ist äußerst gefährlich anderen Männern etwas einzuflüstern, ohne selbst auch den Hauch einer Ahnung zu besitzen, was Männlichkeit denn eigentlich bedeutet.

Sicherlich ist der Feminismus in seiner heute überwiegend toxischen Form häufig kontraproduktiv und geradezu zerstörerisch. Allerdings sind sicherlich viele Frauen mit dieser Entwicklung auch nicht einverstanden. Diese verschaffen sich aber kaum Gehör.

Auch hier gilt leider das Prinzip "Der Klügere gibt nach".

Deswegen hört man nur die Idioten.

Was bleibt ist die Position von Extremistinnen, die das Bild prägen. Ein ideales Feindbild für all die kleinen Jungen, die nicht erwachsen werden wollen.

Wir, die Männer selbst, tragen die Verantwortung für die Misere, in der wir stecken. Seit tausenden von Jahren haben Männer diese Entwicklung perpetuiert. Unsere heutige Gesellschaft ist das Ergebnis davon.

Es ist nun einmal eine Tatsache, dass die Welt, so wie sie jetzt ist, von Männern erschaffen und geprägt wurde. Keine Glanzleistung. Wahrlich nicht.

Jeder einzelne Mann darin trägt Verantwortung für die aktuelle Realität. Jeder nur zu einem kleinen Teil. Sicherlich. Aber Niemand kann sich davon freisprechen.

Wir alle haben von Geburt an eine besondere Fähigkeit: Es ist die Gabe Entscheidungen treffen zu können.

Anstatt also genauso ein frauenfeindlicher Kastrat wie der eigene Vater zu werden, kann – und muss – sich jeder Mann dafür entscheiden, anders zu sein. Genau das tut aber kaum ein Mann. Es ist viel bequemer nicht über all diese komplizierten Dinge nachzudenken. Wertschätzung, Empathie und Respekt für andere Menschen hören sich anstrengend an. Es ist doch so viel leichter sich den eigenen niedrigsten Instinkten zu ergeben und Frauen, ohne jegliche Moral entgegenzutreten.

Frauen werden seit Menschengedenken in den meisten Kulturen als Minderwertig und dem Mann unterlegen angesehen. Dies ist kein Geschichtsbuch, darum gehe ich nicht detailliert darauf ein.

Ich will dennoch darauf hinweisen, dass Frauen immer schon nach Belieben von Männern unterdrückt, misshandelt, vergewaltigt und getötet wurden.

Rechte und Menschenrechte wurden ihnen seit jeher vorenthalten. Diesbezüglich hat sich die Menschheit in den letzten paar tausend Jahren nicht wirklich weiterentwickelt. Nur weil Frauen bereit waren für ihre Rechte einzutreten, hat sich überhaupt etwas verändert. Es brauchte einen wörtlich jahrhundertelangen Kampf der Frauen für die Rechte, die sie heute haben – viele davon allerdings leider nur auf dem Papier.

Gleichberechtigung dürfte in unserer Gesellschaft nichts sein, über das man überhaupt diskutieren muss.

Dies ist aber leider nur ein frommer Wunsch. Jeden Tag müssen sich Frauen gegen Übergriffe von Männern wehren, der Kampf ist noch lange nicht zu Ende. Allerdings dient es der Sache nicht, wenn nun von toxischen Feministinnen versucht wird, Männer und Frauen mit Gewalt gleichzumachen.

Männer und Frauen sind nicht gleich! Sie werden es auch niemals sein.

Das Entfernen der Männlichkeit aus einer Gesellschaft wird immer zu deren Zerfall führen. Verschwindet das männliche Element, dann wird sehr bald auch das Weibliche verschwinden. Nur wenn beide Kräfte ausgewogen vorhanden sind, kann es eine gedeihende Gesellschaft geben, die lange Bestand haben kann.

Somit ist und bleibt es die Aufgabe der Männer, ihre Verhaltensweisen selbst in den Griff zu bekommen und für eine Gesellschaft zu sorgen, in der Frauen sich komplett frei und sicher fühlen können.

Dazu müssen sie sich vor allem in ihren Familien wieder vollumfänglich als Mann einbringen. Damit nicht immer weitere Generationen dieser Zerrbilder von Männern erzeugt werden.

Frauen haben ebenfalls ihren Teil dazu beizutragen, das sei hier nur der Vollständigkeit halber erwähnt.

"Die Hand, die die Wiege bewegt, bewegt die Welt".

Ja, das ist sicherlich in vielen Aspekten zutreffend.
Ja, Frauen sind für den Großteil kindlicher Traumata verantwortlich.

Aber was bedeutet das? Trauma hin, Trauma her. Wir sind alle erwachsen und haben die verdammte Pflicht, die volle Verantwortung für unser Leben zu übernehmen.

Wir haben alle die Verpflichtung, uns selbst emotional und moralisch so weiterzuentwickeln, dass ein wahrhaft produktives Zusammenleben ermöglicht wird.

"This is a man's world" sang James Brown. Ja, das ist sie. Lasst uns diese Welt wahrhaftig lebenswert machen.

DIE DUNKLE REALITÄT

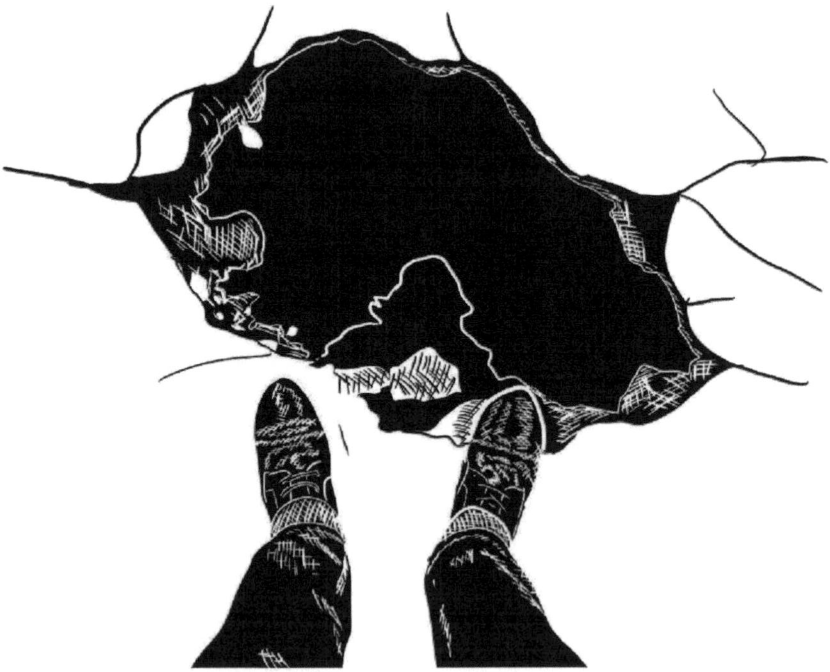

DIE DUNKLE REALITÄT

"Andere zu beherrschen
ist Stärke.
Sich selbst zu beherrschen,
macht dich furchtlos."

Lao Tzu

Männer sind rücksichtslos – vor allem sich selbst gegenüber.

Diese Rücksichtslosigkeit projiziert sich auf alles und jeden in ihrer Welt. In den meisten Fällen ist sie keine böse Absicht. Es ist mehr einfach das Ergebnis erlernten Verhaltens. Das macht „Mann“ eben so. Nun könnte man argumentieren, dass dies dann eben auch Jedermanns eigenes Problem ist.

Selbst schuld, wer faul, fett und dadurch krank geworden ist. Nicht wahr? Ja, natürlich. Dein Leben ist immer das Ergebnis der Summe deiner Entscheidungen. Allerdings sind alle anderen die Leidtragenden der Rücksichtslosigkeit von Männern.

Andere Menschen müssen Dich medizinisch behandeln, pflegen und versorgen, wenn Du krank wirst. Andere Menschen müssen für Deine medizinische Versorgung bezahlen.

Am meisten jene, die selbst auf ihre Gesundheit achten. Sollte also nicht jeder dafür Sorge tragen, möglichst nicht krank zu werden?

Andere Menschen müssen dann das ständige Gejammer über die schlimme Erfolglosigkeit und die vielen körperlichen Probleme ertragen.

Andere Menschen müssen den schlechten Atem und den Körpergeruch ertragen.

Andere Menschen müssen ihr Zeug weit schleppen, weil da jemand dem alles vollkommen egal ist, schon wieder zwei Parkplätze blockiert.

Andere Menschen müssen den Lärm der Party oder das Gegröle der Fußballfan ertragen.

Ehefrauen müssen den Alkoholdunst ertragen, wenn der Mann schon wieder betrunken ins Bett gekommen ist.

Kinder dieser Männer müssen Gleichgültigkeit und extreme Stimmungsschwankungen ertragen.

Kollegen müssen die miese Arbeitseinstellung ertragen.

Die Mitarbeiter dieser Männer müssen das Ego und das ständige Micro-Management und den fehlenden Mut ertragen.

<u>Man kann nichts tun, was keine Auswirkungen auf die eigene Umwelt hat.</u>

Kennst du das auch?

Hast du bei der Aufzählung
an einer oder mehreren stellen
innerlich genickt?

Welche Konsequenzen
hat dein Handeln,
oder dein nicht Handeln,
auf andere?

Je mehr Macht ein Mann besitzt, um so weitreichender sind die Konsequenzen seines Handelns.

Der Planet stirbt, weil Männer "eben so sind".

Den Satz "alles hat Konsequenzen" habe ich vor Jahren verstanden. Erst da in seiner vollen Macht und Bedeutung.

Darum achte ich sorgsam darauf, welche Konsequenzen meine Worte und meine Handlungen haben.

Ich sage nicht, dass das leicht ist.
Ich arbeite immer noch jeden Tag daran, und das wird bis zu meinem Tode auch so bleiben.

Das Ego zu kontrollieren ist eine der bedeutendsten männlichen Verpflichtungen.

Das ist nicht leicht.
An keinem Tag.
Aber es entscheidet über nahezu Alles.

DER KÖRPER IST SPIEGEL DES GEISTES

Werfen wir einmal einen nüchternen Blick auf das, was "typisch männlich" ist. Und auf die direkten Auswirkungen.

70% der Männer in Deutschland sind zu dick, adipös oder fettleibig. Nicht einmal 10% der Männer sind regelmäßig sportlich aktiv. Körperliche Leistungsfähigkeit und Körperkraft sind bei über 90% der Männer schlecht und liegen weit unter dem, was als durchschnittlich in der jeweiligen Altersgruppe erwartet wird.

Was sieht man denn bei einem Blick in sein Umfeld? Dicke Bäuche, spitze Männerbrüste, dünne Arme, dünne Beine, runde Schultern und schlaffe Gesichter. Oder (etwas seltener) dürre, kraftlose Gestalten mit schlechter Haltung. "Skinny Fat" nennt man in der Medizin diesen Körpertyp. Ein hoher Körperfettanteil bei viel zu geringer Muskelmasse. Egal welcher Körpertyp, gesund ist Beides nicht.

Das zeigt sich in den Zahlen der medizinischen Statistiken der letzten Jahrzehnte sehr klar. Es ist ein eindeutiger, immer weiter an Geschwindigkeit aufnehmender Trend zu erkennen. Menschen werden immer früher krank. Und das immer schwerer.

<u>Wegen der Übergewichtsepidemie ist ein erheblicher Teil der unter 30-jährigen Männer bereits heute krank. Oft ohne es zu wissen.</u>

Einen regelmäßigen Gesundheits-Check beim Arzt macht kaum ein Mann. Schon gar nicht in dieser Altersgruppe. Warum auch? Es glaubt doch jeder gesund zu sein. Bis zum bitteren Beweis des Gegenteils.

Auf ein niedriges Alter kann sich niemand mehr verlassen. Der Glaube daran aber ist ungebrochen.

Fettstoffwechselstörungen, hoher Blutdruck, Diabetes und erhebliche Probleme mit dem Bewegungsapparat sind bereits bei jungen Männern durchaus keine Seltenheit. Die Zahl der Patienten mit chronischen Erkrankungen, sogenannten "Wohlstanderkrankungen“, steigt stetig an. Zu diesen Erkrankungen gehören hoher Blutdruck, Fettstoffwechselstörungen, Diabetes, Herzinfarkt, Schlaganfall und Krebs.

Sie sind für über 80% der Patienten in Deutschland verantwortlich. Dies ist eine reale Katastrophe für das Gesundheitssystem.

Unsere Politiker sprechen da aber lieber nicht drüber. Sehr unpopulär. Könnte Wählerstimmen kosten.

Die absehbaren Folgen sind für eine immer schneller immer kranker werdende Gesellschaft katastrophal. Bereits seit Jahrzehnten herrscht Pflegenotstand, und die Zahl der pflegebedürftigen Patienten in– und außerhalb der Krankenhäuser nimmt weiter rapide zu.

Wer soll in Zukunft die stetig wachsende Anzahl von Pflegebedürftigen Menschen versorgen?

Hinzu kommt die wirtschaftliche Komponente: Spätestens 2035 wird das Gesundheitssystem nicht mehr finanzierbar sein, wenn sich nicht etwas drastisch verändert.

Immer wieder höre ich dann, dass es in Amerika noch viel schlimmer ist. Ja, das stimmt. Was aber ändert das an unserer grundlegenden Problematik? Nichts.

Wenn man sich den Zusammenhang anschaut, zwischen der amerikanischen Entwicklung vor einigen Jahren und dem was heute bei uns geschieht wird immer wieder von den frappierenden Korrelationen gesprochen. Was wir heute dort sehen ist das Bild was wir in Kürze auf unseren Straßen zu erwarten haben.

Aber natürlich zeigt sich auch hier wieder unser verhängnisvolles deutsches Mindset. Auch in dieser Thematik. Mit dem Finger woandershin zeigen und sich bequem zurücklehnen. Dort ist es viel schlimmer. Prima. Dann brauchen wir hier nichts tun. Ein sehr gerne und häufig praktiziertes Muster. Finde den Fehler.

Die Ausprägungen dieser Untätigkeit sind vielfältig. So sinkt zum Beispiel Die Spermienqualität deutscher Männer stetig, die Zeugungsfähigkeit nimmt immer weiter ab. Das betrifft alle Industrieländer.

Interessant ist, dass dies in Entwicklungsländern nicht zu beobachten ist. Übergewicht, körperliche Inaktivität, schlechte Ernährung, Alkohol und Umweltgifte sind in dieser Kombination die Ursache dafür. Offensichtlich antwortet die Evolution in der ihr eigenen

Weise: Sie verhindert die Fortpflanzung einer nicht überlebensfähigen Spezies.

Nicht nur die Spermienqualität sinkt, sondern auch die physiologische Fähigkeit zum Beischlaf. Bereits über 10% der 30-jährigen Männer in Deutschland haben Erektionsprobleme. Ein Ausdruck einer schlechten Durchblutungssituation und damit ein Hinweis auf den schlechten Gesundheitszustand der betreffenden Männer.

Eine Mischung aus Ignoranz und Arroganz ist die Ursache für diese zunehmend katastrophalen Zustände. Für Männer spielen Geld und persönlicher Komfort die größte Rolle in ihrem Leben. Sie verwenden ihre Zeit lieber, um Geld zu verdienen und der Faulheit zu frönen, anstatt für eine bessere Zukunft für sich selbst und ihre Familien zu arbeiten.

Sofortbefriedigung geht nahezu immer vor.

Gleichzeitig ist in aller Regel ein völlig überzogenes und gleichzeitig substanzloses Selbstbild anzutreffen. Die meisten Männer halten sich selbst für erheblich potenter – in allen Aspekten des Lebens– als sie tatsächlich sind. Dabei ist doch kaum einer von ihnen in der Lage, sich bei Gefahr auch nur aus einer Papiertüte freizukämpfen.

Lüge?

Was empfindest du,
wenn du nackt vor deinem
Spiegel stehst?

Die meisten Männer kümmern sich nicht um ihren Körper. Das ist in aller Regel auf den ersten Blick erkennbar. Ungepflegte Haare, Bärte und Fingernägel sind die Regel und keineswegs die Ausnahme. Sie sind zu dick, schwach und körperlich schon kaum belastbar. Der eigene Körper ist vielfach eher ein Ort der Exzesse als ein Tempel.

Fett, krank und fast tot.

Das beschreibt den durchschnittlichen Mann in Deutschland recht gut.

Es ist den Fortschritten in der Medizin zu verdanken, dass nicht noch viel mehr von ihnen viel zu früh versterben. Es ist einfach Fakt, dass Männer sich viel weniger um ihre Gesundheit kümmern als Frauen. Sie gehen viel später und viel seltener zum Arzt, sie deutlich weniger compliant bei der Einhaltung der verordneten Therapie und werden deshalb häufiger und schwerer krank als Frauen.

Nicht nur die gesundheitlichen Aspekte werden von Männern gerne vernachlässigt. Auch die Realität wird im Regelfall negiert und verdrängt.

Die meisten Männer sind zwar selbst viel zu fett, träumen aber von knackigen Fotomodels als Partnerin. "Ein Mann ohne Bauch ist ein Krüppel" – bereits in frühester Jugend hörte ich diesen Satz von Männern immer wieder. Woher kommt diese unglaubliche Arroganz? Wer hat sich das ausgedacht?

Ein deutscher Schauspieler mit massivem Alkoholproblem sagte in einer Talkshow in den 90er Jahren einmal: "Das ist kein Bauch – das ist der Kompressor für den Hammer". Wenige Jahre später erlitt dieser Mann einen Herzinfarkt. Er überlebte diesen nur knapp. Danach wollte er den Bauch nicht mehr haben und wurde glühender Vertreter einer gesunden Lebensweise.

Dieses Beispiel ist exemplarisch für das, was ich als Arzt täglich erlebt habe. Ein großes Maul haben sie alle. Leider sprechen die Fakten fast ausnahmslos gegen die chronische Selbstüberschätzung der meisten Männer. Die Maske der Selbstherrlichkeit ist nicht nur abstoßend, sondern darüber hinaus destruktiv – auch für den Mann selbst.

Ich habe fast 30 Jahre lang im Gesundheitswesen gearbeitet. Seit über 20 Jahren bin ich Arzt. Was ich bereits während meiner Schulzeit beobachten konnte, wurde in meinem beruflichen Alltag immer wieder bestätigt. Hygiene ist für die meisten Männer ein Fremdwort. Nach Schweiß stinkende Männer die so zum geplanten (medizinischen) Untersuchungstermin erscheinen sind keine Seltenheit.

Ungepflegte Haut, Finger- und Fußnägel, Kopfhaare und Bärte sind genauso wie die typischen "Bremsstreifen" in der Unterhose normal. Sich "nicht so anzustellen" wenn es um Hygiene geht, gilt als männlich.

Das Händewaschen nach dem Toilettengang ist offenbar den meisten Männern unbekannt, erschreckenderweise selbst unter Ärzten. Es gibt Studien, die zeigen, dass sich 80% der Männer nach dem Toilettengang nicht die Hände waschen. Das macht, den inzwischen wegen COVID-19 fast abgeschafften Händedruck, auch aus dieser Perspektive nicht erstrebenswert.

Beim Versagen in der persönlichen Hygiene spielen Gesellschaftsschicht, Bildungsgrad oder Einkommen keine Rolle. Das kann ich aus persönlicher Erfahrung sagen. Ich habe vom Obdachlosen bis zu Bischöfen, Managern, Unternehmern mit teuersten Uhren und Spitzenpolitikern Männer als Patienten betreut. Es handelt sich um offensichtlich erlerntes und als "normal" akzeptiertes Verhalten, dass alle Bevölkerungsstrukturen durchdringt.

Es handelt sich hier nicht einfach nur um ein "Ekelproblem". Dass persönliche Hygiene auch für die Gesellschaft von erheblicher Bedeutung ist, hat sich spätestens in der "Corona-Krise" gezeigt. So wurden im Winter 2020/2021 so gut wie keine Grippefälle registriert, und auch die Zahl der Erkältungskrankheiten und der damit zusammenhängenden Fehlzeiten am Arbeitsplatz war drastisch reduziert. Der Fokus auf Hygiene und mehr gegenseitigen Respekt waren dafür verantwortlich.

Spätestens bei Auftreten von Erkältungssymptomen einen Mundschutz zu tragen, gilt in asiatischen Ländern bereits seit Jahrzehnten als Zeichen von Respekt und verantwortungsvollem Verhalten. Ich habe nie verstanden, warum das in Deutschland – bis zum Auftreten von COVID-19 – nie thematisiert worden ist.

FRAUENFEINDLICHKEIT UND SEXUELLE ÜBERGRIFFE

Unsere Gesellschaft ist frauenfeindlich. Sie ist auch Männerfeindlich – dazu komme ich später.

Frauen zu dominieren, gilt als männlich. Weil sich die wenigsten Männer trauen, emotional offen und authentisch mit Frauen zu kommunizieren, nutzen sie die sexuelle Ebene, um sich überlegen zu fühlen. Hinterhältig und ausbeuterisch reduzieren die meisten Männer Frauen auf die Rolle des Sexualobjektes. Diese oft nahezu unkontrollierte Triebhaftigkeit ist kein Teil der männlichen Natur – sie ist gesellschaftlich erzeugt und geprägt.

Es ist die Pflicht eines jeden Menschen ein emotionales Reifestadium zu erlangen, dass die Kontrolle der eigenen Begierden sicherstellt.

Dass das offenbar in der Erziehung von Männern keine Rolle spielt, zeigen die Fakten:

- Die deutschen Männer konsumieren weltweit mit Abstand am meisten Pornografie.
- Männer sind nahezu ausschließlich für die Produktion, den Vertrieb und den Konsum von Kinderpornografie verantwortlich.
- Mindestens jede zweite Frau ist in Deutschland schon einmal sexuell am Arbeitsplatz belästigt worden. Die Täter sind fast ausschließlich Männer.
- Sexuelle Nötigung wird fast ausschließlich von Männern begangen.
- In mindestens 25% der Ehen bzw. festen Partnerschaften findet sexuelle Nötigung statt.
- Bis auf seltene Ausnahmen werden Vergewaltigungen ausschließlich von Männern begangen.
- Viele der erfolgreichsten deutschen Kinofilme der letzten Dekaden sind wegen der gewählten Darstellung von Frauen per se frauenfeindlich. Dies gilt vor allem für das, was deutsche Filmemacher für Komödien halten. Die stereotype und dümmliche Darstellung von Frauen soll wohl humorvoll wirken. "Fun Fact": Deutsche Filme werden fast ausschließlich mit der Unterstützung staatlicher Filmförderung (Bund/Länder) produziert.

MÄNNER SIND NICHT NUR TÄTER – SONDERN AUCH OPFER

Es ist einfach solch ein bedrückendes Männerbild zu zeichnen. So sieht die Realität nun einmal aus.

Es ist einfach, Männer ausschließlich als Täter zu beschreiben – so wie es sich in unserer Gesellschaft etabliert hat.

Es ist einfach, Männer für alles Schlechte in der Welt verantwortlich zu machen.

Es ist einfach, den Männern die Schuld für alles zu geben.

Ob sie tatsächlich für etwas verantwortlich sind, interessiert doch gar nicht mehr. Es ist so viel einfacher, viel bequemer. Einfach ein paar Fakten verdrehen und andere weglassen – schon haben wir die Schuldigen identifiziert. Männer sind schuld daran, dass nicht mehr Frauen in technischen Berufen arbeiten. Männer sind schuld daran, dass nicht mehr Frauen in Führungspositionen sind. Männer sind schuld daran, dass Frauen sich zwischen Kind und Karriere entscheiden müssen. Und so geht es weiter und weiter.

Es ist im Rahmen des Feminismus, der vielfach toxische und übergriffige Formen angenommen hat, absolut in Ordnung und geradezu "en vogue" Männer als die Schuldigen zu präsentieren.

Männer tragen sehr viel Verantwortung für den aktuellen Zustand unserer Gesellschaft. Das ist unstrittig.

Aber wie ist es dazu gekommen?

Die Wahrheit sieht nämlich etwas anders aus. Der oppressive Feminismus, wie ich ihn nenne, hat einen erheblichen Anteil zur Reduktion von Maskulinität in unserer Gesellschaft beigetragen.

Die in Kapitel drei beschrieben Mechanismen führen zu einer „Quasi-Kastration“ heranwachsender Männer.

Diese zwanghafte, ja gewaltsame Verweiblichung und Betaisierung der Männer in unserer Gesellschaft führt uns geradewegs in die Katastrophe. Es fehlt das Verständnis dafür, was die wirklichen Männlichen Qualitäten sein sollten (und früher auch waren). Das ist komplett verloren gegangen.

Dass nun diese Zerrbilder männlicher Existenz das gesellschaftliche Bild des Mannes für Generationen prägen, ist keine Überraschung.

Warum sind Männer so?
Kein Mann entscheidet sich bewusst und aktiv dafür, ein totales Arschloch zu sein.

<u>Wir alle werden ohne diese Verhaltensweisen geboren. Wir kommen selbstbewusst und ehrlich zur Welt.</u>

Dann lernen wir, wie das Spiel des Lebens angeblich funktioniert. Die Entwicklung zum "typischen" Mann beginnt.

Viele Männer sind erst einmal Opfer, bevor sie zu Tätern werden. Viele Mütter haben (oft erheblichen) toxischen Einfluss auf ihre Kinder. Sie sind in nicht unerheblichem Maße mitverantwortlich für den typisch männlichen Identitätskonflikt und das regelhaft gestörte Verhältnis von Männern zur eigenen Sexualität. Es ist zwar nicht Thema dieses Buches, gleichwohl müssen auch diese Dinge Erwähnung finden.

Über diese Fakten wird – ganz besonders im Rahmen der Gleichstellungsdebatte – überhaupt nicht gesprochen. Die spezifischen männlichen Probleme werden weder thematisiert, noch wird dafür Hilfe angeboten. Die zunehmende Einmischung des Gesetzgebers in diese Thematik wird am Ende wie so oft alles nur noch schlimmer machen.

Die Realität von Männern ist düster. Eine Lobby wie die Frauen haben wir nicht. Wir nehmen hin und leiden stumm. Ich bin fest davon überzeugt, dass die Dunkelziffer depressiver Erkrankungen bei Männern erheblich ist.

Zum Arzt gehen Männer generell nur sehr ungern. Eine Schweizer Studie zu diesem Thema enthielt den Satz "Frauen suchen Hilfe – Männer sterben". Das kann ich aus meiner eigenen, jahrzehntelangen Erfahrung als Arzt nur bestätigen.

Es wird Zeit, einen Blick auf die Fakten zu werfen. Fakten, die in der feministischen Diskussion nicht erwähnt werden.

Natürlich nicht.

Das würde Männer plötzlich sehr menschlich und sehr benachteiligt wirken lassen.

Die Feministinnen wollen aber die einzigen sein, die benachteiligt werden. Mit diesem Opferstatus kann man sehr viel Druck ausüben.

EINIGE FAKTEN

- Männer begehen dreimal so häufig wie Frauen Selbstmord.
- Die meisten Suchtkranken sind Männer.
- Die überwiegende Anzahl der Toten in allen Kriegen sind Männer.
- Die überwiegende Anzahl der Soldaten, Polizisten und Rettungskräfte sind Männer. Darum werden auch überwiegend Männer bei der Ausübung dieser Berufe verletzt oder getötet.
- Die meisten Verletzten und Toten durch Arbeitsunfälle sind Männer.
- Die überwiegende Anzahl der Gefängnisinsassen sind Männer.
- Die überwiegende Anzahl der Opfer von Gewaltverbrechen sind Männer.
- Die überwiegende Zahl der Opfer von Vergewaltigungen in Gefängnissen sind Männer.
- Häusliche Gewalt gegen Männer ist häufiger als gegen Frauen.
- Genitalverstümmelung bei Männern ist gesellschaftlich akzeptiert und wird von großen Interessengruppen unterstützt.

Gerade der letzte Punkt zeigt den Neglect unserer Gesellschaft im Allgemeinen und den der Gleichstellungsbewegung im Besonderen, wenn es um die spezifischen Probleme von Männern geht.

Darum will ich auf diesen Umstand etwas genauer eingehen:

Die männliche Beschneidung ist eine Genitalverstümmelung. Es gibt keinen medizinischen Grund dafür, auch wenn das immer wieder berichtet wird. Sie ist das Überbleibsel wirrer religiöser Fantasien. Vielfach wird sie ohne Betäubung durchgeführt und das neugeborene Kind dadurch erheblich traumatisiert. Die männliche Beschneidung der Vorhaut wird nicht als Genitalverstümmelung bezeichnet.

Anders als die weibliche Genitalverstümmelung ist sie gesellschaftlich etabliert und akzeptiert. Sie wird von vielen Frauen unterstützt und oft sogar indirekt gefordert, da ein unbeschnittener Penis gerade in den Augen vieler junger Frauen abstoßend wirkt. "Ekelhaft" ist das Wort, dass in diesem Zusammenhang häufig gebraucht wird.

Die Auswirkungen der illusorischen Welt der Pornografie machen auch vor den Frauen nicht halt. Das durchschnittliche Alter von Mädchen beim ersten Kontakt mit Pornografie liegt bei 14 Jahren. Das prägt ihr Bild von dem, was "normal" ist.

"Normal" ist ein beschnittener Penis keineswegs.

Die männliche Vorhaut trägt eine Vielzahl sensibler Nerven, die erheblich zum sexuellen Erleben beitragen. Trotzdem führt die Forderung von Frauen dazu, dass sich Männer selbst im Erwachsenenalter einer Beschneidung unterziehen, um sexuell attraktiver zu sein.

Meine ärztlichen Kollegen aus der Urologie, die diesen Eingriff in Deutschland durchführen, haben immer versucht den Männern diesen Eingriff auszureden, sofern er nicht medizinisch notwendig war.

Nicht, dass es zu Missverständnissen kommt: Ich will keinesfalls die Genitalverstümmelung von Frauen kleinreden oder relativieren. Ich will anhand dieses Beispiels klarmachen, dass nicht die gleichen Kriterien für die Beurteilung der Situation von Männern und Frauen genutzt werden.

Diese Ungleichbehandlung zum Nachteil von Männern findet sich bei genauer Betrachtung an vielen Stellen in unserer Gesellschaft wieder. Allein die Tatsache, dass von Männern erwartet wird, dass sie still leiden und sich "durchbeißen" – oft wörtlich arbeiten, bis sie umfallen – ist eine himmelschreiende Ungerechtigkeit.

Wer nicht mitmacht, der wird gebullied und ausgeschlossen. "Burnout" wird wie ein Schimpfwort benutzt. Überraschenderweise befällt er überwiegend Männer. Wer hätte das gedacht...

Männer werden von der Gesellschaft dazu erzogen und dann gezwungen, ihre Emotionen zu unterdrücken.

Genau das führt dann zu einer Vielzahl von Übersprunghandlungen, die ganz besonders Frauen zum Nachteil gereichen.

Überbordendes Machotum, Aggression, Dominanzgehabe und Sexismus sind nur einige der Verhaltensweisen, die häufig ein Ventil für all die aufgestauten und unterdrückten Emotionen von Männern sind.

Auch wenn es manche Frau überraschen dürfte: Männer sind auch Menschen. Emotionen sind essenzieller Bestandteil unserer Existenz und unserer Persönlichkeit. So wie bei allen Menschen. Wir werden aber von klein auf emotional verstümmelt und mit pervertiertem Gedankengut indoktriniert.

Emotionen lassen sich nicht auflösen.
Das ist ein Fakt.
Sie müssen irgendwo hin.

Wenn sie nicht bewusst angenommen und verarbeitet werden, dann suchen sie sich andere Wege. Je länger der Prozess des Verneinens und Unterdrückens anhält, um so mehr entwickelt sich daraus ein langsam schwärendes Gift, dass alles durchdringt. Den Geist, die Moralvorstellungen, die Identifikation mit dem eigenen Selbst.

So werden systematisch deformierte Kreaturen erzeugt, die sich nach nichts mehr sehnen, als endlich frei und ungehindert sie selbst sein zu können. Ich habe in meinem Leben kaum einen Mann kennengelernt, der nicht verzweifelt auf der Suche nach sich selbst und der vielzitierten Männlichkeit, nach seiner geschlechtsspezifischen Rolle, gewesen ist.

Viele hatten bereits völlig entmutigt und desillusioniert aufgegeben.

Das ist Verdammnis zu Lebzeiten.

Eines will ich in aller Deutlichkeit sagen: Kein Mann kann sich auf irgendeinen der zuvor genannten Missstände berufen und diesen als Begründung für sein eigenes Verhalten anführen.

Wir sind alle erwachsen und Herr über unsere Entscheidungen.

Es mag sein, dass Dir vieles nicht klar war. Das ist okay. So ging es mir lange Zeit in meinem Leben auch.

Für die Entscheidungen ist jeder Mann zu jeder Zeit dennoch immer alleine verantwortlich.

Es gibt keine Entschuldigung. Es liegt immer allein an jedem Mann selbst.

Die Gesellschaft ein Maskenball

DIE GESELLSCHAFT – EIN MASKENBALL

Der Preis
für eine "sichere"
Existenz im Schoße
der Gemeinschaft ist die
Aufgabe der eigenen
Persönlichkeit.

Dr. Alexander Madaus

MASKEN BIETEN SICHERHEIT

Menschen tragen Masken.

Sie sind oft mit den sozialen Rollen, die wir einnehmen assoziiert.

Bruder, Nachbar, Ingenieur – das sind soziale Rollen.

Wir alle lernen von anderen Menschen, wie die jeweilige Rolle auszusehen hat. Konformität ist oberstes Gesetz. Nur wer angepasst ist, der wird von der betreffenden Gruppe akzeptiert.

Es ist zum Beispiel wichtig, ein "guter" Nachbar zu sein, sonst werden Deine Nachbarn Dich ablehnen.

Dafür gibt es einen entwicklungsgeschichtlichen Grund, der vor zehntausenden von Jahren zu dieser Programmierung geführt hat. Die Ablehnung durch die Gruppe interpretiert unser Gehirn als einen lebensbedrohlichen Zustand. Der Mensch ist auf die Gruppe angewiesen. Er hat allein kaum Überlebenschancen. Diese Reaktion auf Ablehnung ist tief in einem sehr alten Anteil unseres Gehirns verankert. Dieser Teil heißt Amygdala. Dort sind viele Automatismen angesiedelt, wie zum Beispiel die Reaktion auf Gefahr: Kampf, Flucht oder Erstarren (Fight, Flight or Freeze).

Dieser Programmierung können wir uns nicht widersetzen. Wir können lernen mit ihr umzugehen. Mutig zu sein ist eine bewusste Reaktion auf Angst. Der bewusste Wille kann die Programmierung "überstimmen".

Dazu später mehr.

MASKENZWANG

Im gesellschaftlichen Kontext spielt der Wunsch von allen gemocht zu werden eine andere, aber nicht weniger bedeutsame Rolle. Wir alle haben von klein auf gelernt, dass wir ständig von anderen Menschen bewertet werden. Nicht wir als Person werden gesehen, sondern unsere Leistungen und unsere Angepasstheit.

Wer "aus der Reihe tanzt" wird negativ bewertet. Man findet diese ständige Bewertung in unserem Sprachgebrauch wieder. So ist zum Beispiel ein Kind, das schlechte Schulnoten nach Hause bringt, nun kein Individuum mehr, sondern ein schlechter Schüler. Die Persönlichkeit eines Menschen wird bereits sehr früh im Leben ignoriert. Lediglich die gesellschaftlichen Standards werden zur Beurteilung herangezogen.

Daraus resultiert ein erlerntes Bedürfnis nach Anerkennung. Der Selbstwert eines Menschen und die Wertschätzung für sich selbst sind nun abhängig von der Bewertung von außen. Nichts erscheint vielen schlimmer als die mögliche schlechte Beurteilung durch andere Menschen. Dies führt dazu, dass sich die meisten Menschen lieber hinter einer Maske verstecken. Lieber in jedem Fall als die Person, die sie wirklich ist.

Ständige Selbstzweifel sind die Folge. "Bin ich gut genug?" ist eine der Fragen, die sich fast alle Menschen ständig stellen. Dabei spielt es keine Rolle welchen gesellschaftlichen Status oder wie viel Geld ein Mensch hat.

Die Befürchtung nicht gut genug zu sein ist die Mutter aller Ängste.

Ständig in Angst zu leben verstümmelt die Seele und verkrüppelt den Geist.

Meinungsfreiheit ist aus diesem Grunde nur ein frommer Wunsch. Kaum jemand traut sich seine Gedanken frei zu äußern.

Allerdings haben Menschen natürlicherweise auf der anderen Seite einen starken Wunsch nach Autonomie und Freiheit. Die Unterdrückung dieser Bedürfnisse führt dazu, dass sich all die aufgestaute Frustration und der Ärger über dieses Leben als Sklave andere Wege in die Freiheit sucht. Etwa so, wie sich Wasser immer einen Weg sucht und dann mit aller Macht irgendwo durch den Damm bricht. Als Ersatz für ehrlichen Meinungsaustausch finden wir immer mehr offene Aggression. Gerade in den sozialen Medien. Dogmatische Hasstiraden von Impfgegnern, Veganern, Klimaschützern, Klimakatastrophen-Leugnern und unzähligen anderen überschwemmen die Newsfeeds. Hasskommentare und Beleidigungen sind an der Tagesordnung. Es scheint nur noch um Dominanz und Unterdrückung zu gehen. Jeder Mensch will gehört werden. Das ist natürlich und sein gutes Recht.

<u>Dies gewaltsam einzufordern und gleichzeitig die eigene Meinung als die einzig gültige Ansicht zu etablieren, ist hingegen Unrecht.</u>

All das ist das Ergebnis einer Gesellschaft, in der es quasi Pflicht ist, sich zu verstecken und zu verstellen.

Es ist das Ergebnis der Masken, die wir tragen.

Das ständige Tragen einer Maske lässt die Erinnerung daran, wer Du wirklich bist, immer mehr verblassen.

Kaum jemand weiß heutzutage, wer er oder sie wirklich ist.

IDENTITÄT – WER IST DAS? WER BIST DU?

Auf die Frage "wer bist Du?" hat heutzutage so gut wie kein Mann eine Antwort.

Hast du eine Antwort auf diese Frage?
Wahrscheinlich auch nicht!

Wie ist deine Antwort auf diese Frage zu Beginn des Buches ausgefallen, wenn du dich zurückerinnerst? Was denkst du jetzt in diesem Moment darüber? Hat sich bereits etwas geändert?

Sicher, es gibt Etiketten, die Dich beschreiben: Ehemann, Vater, Unternehmer, und so weiter und so weiter. Das alles sagt nichts darüber aus, wer Du tatsächlich bist. Diese Etiketten werden automatisch mit Übernahme der entsprechenden Rolle erworben.

Nehmen wir die Bezeichnung der Rolles des "Vaters". Sie sagt nichts über Deine Qualitäten als Vater aus. Was für ein Vater Du bist, zeigt sich ausschließlich in Deinen Handlungen. In dem, was Du täglich tust. Nur ganz genau dort zeigt sich wer Du bist. Darin spiegeln sich Deine Werte, Deine Glaubenssätze und Deine Weltsicht. Deinen Penis in eine Vagina einzuführen und mit Deinen Spermien ein Ei zu befruchten, macht Dich nicht zum Vater. Die Fähigkeit den Geschlechtsakt auszuführen, macht Dich nicht zum Mann.

In aller Regel haben wir Werte, Glaubenssätze und Weltsichten von anderen übermittelt bekommen. Im Regelfall von unseren Eltern, Freunden und Kollegen. Und nicht zuletzt auch von der Gesellschaft in ihrer

Gesamtheit. Lehrer, Eltern, Vorgesetzte, Medien, Politik und Co.

Alle sagen uns, was wir wollen sollten. Sie sagen uns, welche Werte wir haben sollen. Sie sagen uns, nach was wir streben sollen.

All das sind nicht unsere eigenen Wünsche und Idee. Wir merken dies aber nicht. Es kommt uns vor, als wäre es exakt was wir denken, wünschen und fühlen. Das ist falsch! Wir kennen lediglich nichts anderes. Wir erliegen dieser Täuschung. Für viele Menschen fühlt sich das dann „irgendwie nicht richtig“ an. Ja. Es fühlt sich falsch an, weil es das auch ist.

Es ist ein Gefühl, als würde etwas nicht stimmen. Nicht recht zu Dir passen. Es ist unspezifisch. Aber dennoch ist es permanent da. Das Gefühl entsteht durch die unterschwellige sehr klare Wahrnehmung der ständigen Manipulation durch äußere Einflüsse.

Es ist so, als würdest Du Kleidung tragen, die nicht richtig passt. Es drückt und kneift. Aber wenn Du in den Spiegel schaust, dann sitzt alles ordentlich. Es ist „okay“.

Nun gibt es zwei Möglichkeiten wie du damit umgehen kannst. Entweder, Du lässt Dir Deine Kleidung maßschneidern, oder Du gewöhnst Dich an das unangenehme Gefühl. Die Zweite ist die einfachere Variante. Sie erfordert kein Investment. Nach ein paar Bier oder einigen Gläsern Wein merkst Du auch gar nicht mehr, wie es kneift und zwickt. Betäubung (der medizinische Begriff ist Sedierung) statt Veränderung.

Mit der Fremdsteuerung durch äußere Einflüsse verhält es sich ähnlich. Das am besten etablierten Konzept mit diesem seltsamen Gefühl im Alltag umzugehen ist die Sedierung.

Anstatt sich mit sich selbst auseinanderzusetzen ist es viel einfacher, den Geist zu vernebeln. Dafür wird alles Mögliche genutzt: Alkohol, Drogen, Tabletten, Essen, Fernsehen oder Streaming, Social Media, Pornografie, Sport, Arbeit – die Liste ist endlos.

Wie geistlose Zombies stolpern die meisten Männer durch ihr Leben, unfähig geworden eigene Entscheidungen zu treffen. Selbst wenn sie endlich die Entscheidung treffen würden, ihr Leben selbst in die Hand zu nehmen, so ist der Wunsch nach ständiger Betäubung bereits zu einer festen Gewohnheit geworden. Die ständige Ablenkung und Vernebelung des bewussten Denkens machen die dringend notwendigen Veränderungen nahezu unmöglich.

VERHÄNGNISVOLLE ALTERNATIVEN

Immer mehr Menschen suchen nach Alternativen zu diesem Leben als Arbeitsdrohne. Sie wollen sich selbst finden, wissen aber nicht, wo sie mit der Suche beginnen sollen.

Also beginnen sie wieder mit der Suche im Außen. Sie suchen andere Werte- und Glaubenssysteme, eine andere Kultur oder eine andere Weltsicht. Etwas oder einen Ort, zu dem sie sich zugehörig fühlen können. Sie wollen gesehen werden und sich vom Rest der Gesellschaft unterscheiden. Dies ist der Grund dafür, dass so viele Menschen Verschwörungstheorien anhängen. Es geht zumeist gar nicht um die Sache an sich. Es geht darum sich zu unterscheiden und Aufmerksamkeit zu erzeugen.

Die Suche nach dem Sinn in ihrem Leben führt viele allerdings nur in eine andere Unrealität. Sie wollen gerne glauben, dass nun etwas anders ist. Eine neue Art sich zu kleiden, ein neuer Haarschnitt, eine umdekorierte Wohnung oder eine neue Ernährungsweise führen noch nicht zu einer anderen Denkweise oder mehr Selbstvertrauen. Äußerliche Veränderung und das Postulieren von übernommenem Gedankengut sind wieder nur eine Maske.

Das Ziel muss aber sein, keine Maske mehr zu tragen. Sich aller Masken zu entledigen. Erst dann bist Du wahrhaftig frei.

Um dieses Ziel zu erreichen ist Arbeit erforderlich. Viel Arbeit. Darüber hinaus braucht es Mut, um überhaupt diesen Weg gehen zu können.

Du musst konsequent Deine Komfortzone verlassen. Das tun Menschen nur sehr ungern. Veränderungen finden nun mal nur jenseits der Grenzen Deiner Komfortzone statt.

Sobald Du Deine gewohnten Verhaltensweisen verlässt, stellt sich Unwohlsein ein. Dies geschieht immer, wenn wir etwas Gewohntes aufgeben oder verändern. Gewohnheit bedeutet Sicherheit. Veränderung bedeutet Unsicherheit. Diese Unsicherheit wird von unserem Gehirn dann als Gefahr interpretiert. Die Amygdala wird wieder aktiv und veranlasst die schnellstmögliche Rückkehr in den gewohnten Zustand. Das Paradoxe daran ist, dass selbst ungünstige Lebensumstände als sicher empfunden werden. Sie repräsentieren das Gewohnte und damit die Komfortzone. Aus diesem Grund bleiben Menschen in Jobs, die sie hassen und in Beziehungen, die sie unglücklich machen. Menschen kennen diese Situationen und Bedingungen. Eine sehr trügerische und verhängnisvolle Sicherheit. Alles andere, wie notwendige Veränderungen zum Beispiel sind ungewiss und somit gefährlich.

So ist es wahrlich kein Wunder, dass sich kaum jemand die Mühe machen will, sich mit der eigenen Realität auseinanderzusetzen. Das Anerkennen der schmerzhaften Wahrheit würde Veränderung und damit verbunden Arbeit erforderlich machen.

Das Paradigma unserer Gesellschaft ist aber Bequemlichkeit um jeden Preis.

Alles muss einfach und ohne Gefühl der Anstrengung verfügbar sein. Die Arbeit für die Veränderung des eigenen Lebens möchte sich so gut wie niemand machen.

Da liegt es doch sehr nahe, den Menschen genau dies zu versprechen. Veränderung ohne Arbeit oder Anstrengung.

Alle mögliche Schlankheitspillen und -pulver für die Dicken. Heilsversprechen der "Life-Coaches" für die Unzufriedenen. Einfach und automatisch reich werden irgendwelcher selbsternannten Marketinggurus für Unternehmer.

Die Botschaft ist immer die gleiche: Du kannst haben was Du willst, ohne Dich dafür anstrengen zu müssen.

Der Markt für Scharlatane ist groß, und täglich kommen neue hinzu. Mit Versprechen wie "komme mit Leichtigkeit in Deine Fülle" verkaufen sie die Illusion vom einfachen und leichten Weg zu Glück und Wohlstand. Sie sind Gurus mit ihrer eigenen Gemeinschaft von Gläubigen, die nun in einer neuen Blase der Unrealität gefangen sind. Damit wird ihren Anhängern ein weiteres Mal die Möglichkeit genommen, ihr Leben selbst in die Hand zu nehmen. Die Scharlatane liefern nur andere Sedierungs-Strategien. Sie versprechen den leichten, den einfachen Weg.

Dieser einfache Weg aber existiert nicht. Früher nicht. Heute nicht. Es wird ihn auch in Zukunft nicht geben. Wer so etwas verspricht lügt. Das ist schon alles.

Die „Experten“ geben den Menschen Entschuldigungen in die Hand. Fast wie ein Ablasshandel. Sie helfen den Suchenden dabei, eine andere Maske aufzusetzen. Sie helfen aber sicher nicht sich selbst zu finden.

Die meisten Menschen, die in die Hände der Selbsthilfe- und Persönlichkeitsentwicklungs-Gurus fallen, suchen immer weiter. In ihrem Inneren ist keine wirkliche Veränderung eingetreten. Der Schmerz der Ungewissheit über die eigene Identität bleibt.

Das Guru-Gequatsche und die von den Scharlatanen kolportierte Happy-Happy-Atmosphäre macht regelrecht süchtig.

So wie Kokain sorgt auch das Selbstliebe-Gebrabbel bei den Anhängern für einen Kick. Wie bei allen Drogen muss das Erlebnis regelmäßig wiederholt werden, da sonst der Entzug mit all seinen Konsequenzen eintritt. So investieren viele Menschen jahrelang viel Geld für Heilsversprechen jeglicher Art.

Geld, dass sie oft gar nicht haben.
Ein hoher Preis für eine Maske.

NUR OHNE MASKE KANNST DU FREI SEIN

Männer tragen andere Masken als Frauen. Die Masken der Männlichkeit. Jede von ihnen repräsentiert eine spezifische Definition von Männlichkeit.

Selbsternannte "Männlichkeits-Coaches", Pickup-Artists und "Dating-Coaches" verkaufen Männern alte Masken mit neuem Anstrich.

Solange Du eine Maske trägst, wirst Du niemals frei sein. Du wirst Dich niemals vollumfänglich als Mann fühlen. Du wirst Deine Männlichkeit nicht (er)leben können.

Der erste Schritt ist, zu verstehen welche Masken Männer typischerweise tragen – und auch warum sie das tun.

Der nächste Schritt ist dann, sich von der Maske zu trennen und den Mann kennenzulernen, der Du schon immer warst, aber Dich nie getraut hast zu sein.

MASKEN DER MÄNNLICHKEIT

DIE MASKEN DER MÄNNLICHKEIT

Es gibt so gut wie keinen Mann in unserer Gesellschaft, der sich nicht hinter einer Maske versteckt.

Die meisten Männer tun dies nicht einmal bewusst. Sie haben es so von anderen Männern gelernt. Es ist in unserer Gesellschaft "normal", sich nicht als authentische Person zu zeigen. Wie bereits erwähnt ist Konformität für uns Menschen wichtig. Wir wollen nicht aus der Gemeinschaft verstoßen werden. Daher tun Menschen in aller Regel das, was die anderen auch tun. Wenn alle Männer Masken tragen, dann ist es offenbar das, was "richtig" ist.

Ein Junge entscheidet sich nicht bewusst dafür, eine Maske aufzusetzen. Er entscheidet sich für das Bild von angeblicher Männlichkeit, welches am stärksten mit ihm räsoniert. Zumeist wird es das Bild sein, welches er am häufigsten sieht und zu dem die stärkste emotionale Beziehung besteht. Dieses Bild kommt oft nicht mehr aus der eigenen Familie, weil der Vater nicht als Vorbild gesehen wird. Gerade in der heutigen Zeit wird häufig die Maske eines "Vorbildes" aus Social Media übernommen. Im weiteren Verlauf ihres Lebens entscheiden sich Männer nicht selten für die Maske, von der sie sich den größten persönlichen Vorteil erwarten.

Ganz egal, ob online oder offline – eine Maske zu tragen bedeutet immer ein Faker, Poser und Lügner zu sein.

Kein Wunder also, dass es fast ausschließlich solche "Männer" in unserer Gesellschaft gibt.

Dieser Umstand ist nicht verwunderlich – es gibt faktisch keine anderen Vorbilder. Wie soll ein Mann seinen Kindern Authentizität, Ehrlichkeit und Selbstvertrauen beibringen, wenn er dies selbst nie vorgelebt bekommen hat?

Nicht zu wissen was es bedeutet ein Mann zu sein erzeugt ein schmerzhaftes Vakuum im Inneren eines Mannes. Dieses Vakuum muss gefüllt werden. Ohne Identität sind wir nicht lebensfähig. Dann existieren wir nur.

Paradoxerweise ist es genau das, was aus dem Tragen einer Maske resultiert. Diese falsche Identität hat nichts mit der eigentlichen Person zu tun. Es entsteht eine tiefe Verunsicherung, die dazu führt, dass sich das Individuum noch stärker an der eigenen Maske festklammert. Was dieses Trugbild gefährden könnte wird als existenzbedrohend wahrgenommen. Es wird negiert. Sobald das Trugbild in Frage gestellt wird, resultiert daraus noch mehr Aggression und Dominanzgehabe.

In Wahrheit haben wir es mit Feigheit zu tun. Feigheit ist das Resultat, wenn sich ein Mann der Angst ergibt.

Sich der Angst zu ergeben anstatt mutig zu sein ist der Normalzustand für Männer in unserer Gesellschaft. Kleine Jungen verstecken sich zitternd hinter ihren Masken. Die Maske ist alles, was sie haben.

Eine tragfähige Vision davon, was Männlichkeit tatsächlich bedeutet, haben sie nicht. Was in unserer Gesellschaft als "männlich" kolportiert wird, besteht ausschließlich aus Klischees und Allgemeinplätzen. Was bleibt, ist sich für eine der Masken zu entscheiden. Mehr Optionen gibt es nicht.

Das Tragen der Maske gibt dem Mann ein Gefühl von trügerischer Sicherheit. Sie dient immer dem einem Zweck: Dominanz über andere. Das Dominanzgehabe soll männlich wirken und andere Meinungen und Widerstände im Keim ersticken. Nichts ist einem Maskenträger mehr zuwider, als sich einer offenen Diskussion oder gar Konfrontation stellen zu müssen. Nun könnte offenbar werden, dass sich hinter der Fassade nur ein kleiner unsicherer Junge verbirgt. Sobald die Maske fällt, zählen nur noch innere Werte und Kompetenzen. Die sind jedoch in aller Regel nur rudimentär ausgebildet, weil seit Generationen darauf keinerlei Wert mehr gelegt wird.

Auf die Maske zu verzichten, bringt ausschließlich Positives mit sich. Durch das Tragen der Maske entgeht einem Mann so enorm viel an Verbindung, Freiheit, Freude, Glück und Zufriedenheit. Sie ist wie eine Zwangsjacke. Ohne sie hast Du endlich die Freiheit und die Möglichkeit, vollumfänglich Du selbst zu sein.

Dieser Gedanke mag anfangs furchteinflößend sein. "Wer bin ich denn überhaupt? Was ist, wenn ich ohne die Maske nicht zurechtkomme – was werden die anderen Menschen in meinem Leben sagen?"

Warheit

Bist du ein Maskenträger?

Ich kann Dich beruhigen. In dem Moment, in dem Du die Maske ablegst, wirst Du anfangen zu verstehen, wer Du wirklich bist. Die Sorge, ohne Maske nicht zurechtzukommen ist unbegründet.

Es ist wie damals, als Du gelernt hast Fahrrad zu fahren. Du hattest zuerst Stützräder am Fahrrad. Sie gaben Dir Sicherheit. Der Gedanke daran, ohne Stützräder fahren zu müssen, hat Dir Angst gemacht. Was ist, wenn es ohne nicht funktioniert? Du könntest stürzen und Dich verletzen. Letztendlich kam dann der Moment, an dem Du zum ersten Mal ohne Stützräder gefahren bist. Wackelig und nur ein kurzes Stück, aber es hat funktioniert. Und zwar besser, als Du es Dir vorgestellt hattest. Ab diesem Moment vergrößerte sich Dein Aktionsradius durch die neu erworbene Fähigkeit. Die Welt wurde größer und Du wurdest freier. So ist es auch, wenn Du Deine Maske(n) ablegst.

Vergiss bitte nicht: Es handelt sich um einen Prozess, nicht um ein Ereignis. Wie alles, was im Leben von Bedeutung ist, muss auch für die Reise zu Dir selbst Arbeit, Zeit und Energie investiert werden. Ich kann Dir allerdings versprechen, dass es sich lohnt.

Im folgenden Abschnitt will ich dir die an den häufigsten anzutreffenden Masken der Männlichkeit beschreiben.

Du wirst feststellen, dass Dir jede der Masken bereits in Deinem Leben begegnet ist. Du wirst überdies feststellen, dass viele Männer mehrere der Masken tragen, je nach situativem Kontext.

Je weniger Status der Beruf oder die Ausbildung einem Mann verleiht, um so größer ist das Bedürfnis sich durch verschiedene Masken möglichst umfassend abzusichern.

Der Grund für dieses Bedürfnis der Statuserhöhung durch eine Maske liegt in den im vorderen Teil dieses Buches beschriebenen Umstände. Ein Mann zählt nur als „echter" Mann, wenn er sich konform zu den anderen verhält. In Ermangelung eigener Identität ist nur die externe Betrachtung als Bewertungskriterium möglich. Und diese ist abhängig vom „Haben“, vom „Scheinen“ und vom „Tun als ob“. So haben wir es gelernt. So leben wir es.

So wird zum Beispiel ein Kfz-Mechaniker die Maske der Kompetenz tragen, sobald es um Autos geht. Außerhalb dieses Bereiches wird er dann möglicherweise die Maske des Mitläufers, des Frauenhelden oder des Sportlers tragen. Jede einzelne verleiht ihm in bestimmte Situation das Gefühl von Sicherheit.

Maskenträger sind keineswegs an einen Stand oder einen Status gebunden. Dem Mechaniker als Ausprägung auf der einen Seite kann der Chefarzt als Pendant und Beispiel auf der anderen Seite dienen. Um alles in der Welt muss die Status- und Kompetenzmaske erhalten bleiben. Schließlich schöpft er einen großen Teil seiner Daseinsberechtigung und seiner gefühlten Überlegenheit aus dem Tragen.

Gehe davon aus, dass Du keinen Mann kennst, der nicht eine Maske trägt – denn dies ist die absolute Rarität in unserer Gesellschaft.

Maske des Status

DIE MASKE DER KOMPETENZ UND DES STATUS

Bei dieser Maske werden Status, Titel, Rang oder Kompetenz benutzt, um sich dahinter zu verstecken.

Oftmals gehört eine nahezu stoische, herablassende Ruhe des Maskenträgers dazu. Diese ist in aller Regel nichts weiter ist als unverhohlene Arroganz. Der durch diese Maske zelebrierte "Expertenstatus" soll jegliche Diskussion im Keim ersticken. Der Träger möchte keinesfalls durch kritische Meinungen herausgefordert werden. Er will nicht riskieren, dass anderen sein Mangel an tatsächlicher Kompetenz auffällt. Oft trifft aber genau das zu.

"Confidence over Competence" – mehr Selbstvertrauen als Kompetenz. Dies trifft auf ca. 90% aller Männer in Führungspositionen zu. Das ist ein wissenschaftlicher Fakt. Überheblichkeit und aufgeblasenes Auftreten wird in den westlichen Kulturen als Zeichen von Kompetenz interpretiert. Führungspositionen sind zumeist mit solchen Männern besetzt, daher wird dieses Verhalten als Führungsqualifikation betrachtet. Hier wird ein durch die Fehlauswahl erzeugtes Phänomen als Beweis für die Richtigkeit dieser Vorgehensweise benutzt. Das ist ein schwerer logischer Fehler, der aber – wegen des allgemeinen Mangels an Kompetenz und Intelligenz in den Führungsetagen – unerkannt bleibt.

Ein Idiot kann selbst nicht erkennen, dass er ein Idiot ist. Das ist wie beim tot sein. Schlimm ist es nur für die anderen.

Kein Wunder also, dass diese seit Jahrzehnten bestehenden Seilschaften immer die gleiche Art von Mann in Führungspositionen befördern. Es wird immer nach den Kandidaten gesucht, die dem Entscheider am meisten ähneln. Dementsprechend sind auch die typischen Auswahl- und Interviewverfahren so konstruiert, dass sie genau solche Bewerber bevorzugen.

Diese Maske ist im beruflichen Kontext erfolgreich. Für die Gesellschaft ist sie eine Katastrophe. Weil fast alle Männer in Entscheider-Positionen diese Maske tragen, sind signifikante und notwendige Veränderungen in allen Bereichen der Gesellschaft fast unmöglich.

Deutschland steht seit über 40 Jahren nahezu still und lebt von den Meriten, die es in der Vergangenheit erworben hat. Jetzt, im Jahr 2021 wird offenbar, dass uns der Rest der Welt längst abgehängt hat. Deutschland ist nur noch im Schönfärben und Selbst-Beweihräuchern Spitze. Substanziell ist nicht mehr viel übriggeblieben.

Da sich Männer in unserer Gesellschaft in aller Regel über ihren Beruf definieren, ist diese Maske in allen Schichten anzutreffen. Je höher der gesellschaftliche Status eines Berufes ist, um so ausgeprägter kommen die Charakteristiken dieser Maske zum Tragen. Ganz besonders in akademischen Berufen, aber auch im Beamtentum, Militär und politischen Organisationen ist diese Maske in voller Ausprägung überwiegend anzutreffen.

Sie dient fast ausschließlich dem Machtmissbrauch und isoliert den Träger.

Echte empathische Verbindung lässt sie nicht zu, darum haben die Träger dieser Maske niemals liebevolle Beziehungen zu anderen Menschen. Sie ist die Personifizierung eines machiavellistischen Weltbildes. Der Träger wird lieber gefürchtet als geliebt.

Ganz besonders in akademischen Zweigen wie zum Beispiel Medizin oder Jura ist diese Maske sehr häufig in Reinform vorzufinden. Ich habe drei Jahrzehnte in der Humanmedizin verbracht, zuerst in der Krankenpflege, dann als Arzt. Ich kann mich – wörtlich – nur an eine Handvoll Ärzte erinnern, die sich nicht hinter ihrer vermeintlichen Kompetenz versteckt hätten. Ich habe keinen einzigen Chef- oder Oberarzt erlebt, der nicht in Übelkeit erregender Weise seine Überlegenheit aufgrund seines Status demonstriert hätte. Die wenigsten von ihnen waren dabei aber überhaupt wirklich kompetent, weder als Arzt noch als Führungskraft oder als Mensch.

Widerspruch wird in deutschen Krankenhäusern nicht geduldet. Es gelten immer noch die Regeln des preußischen Feldlazarettes. Wenn der Ranghöhere spricht, dann haben alle anderen zu schweigen und brav mit dem Kopf zu nicken. Wer es dennoch wagt, wird konsequent missachtet und herausgedrängt. Wer seine Stelle gerne behalten möchte, der schweigt. Es gibt eine grimmige Formulierung, die nur spaßig klingt und die oft unter Assistenzärzten verwendet wird: "Ist das Evidenzbasiert (bewiesen) oder Eminenzbasiert ("richtig" aufgrund des Status)?" Der Ober- oder Chefarzt muss nichts belegen – er kann einfach behaupten. Immerhin hat er sich doch diesen Status verdient. Da muss einfach richtig sein, was er sagt.

Die Konsequenzen solchen Verhaltens sind oft erheblich. Den Schaden, der durch falsche Therapieanweisungen von sogenannten "Eminenzen" angerichtet wird, müssen die Patienten ausbaden.

Ich habe persönlich miterlebt, wie Nieren aus Organspenden viel zu lange auf die Transplantation warten mussten, weil der verantwortliche Chefarzt es so wollte. Er wollte die Operation selbst durchführen, obwohl er nicht einmal die fachlichen Fähigkeiten dazu besaß. Seine Anreise dauerte Stunden, darum mussten alle auf "ihre Heiligkeit" warten. Dass Zeit ein entscheidender Faktor für den langfristigen Erfolg einer Organtransplantation ist, spielte für ihn keine Rolle.

Ich habe ebenfalls persönlich miterlebt, wie sich ein leitender Oberarzt wiederholt über den schriftlich fixierten Willen von Patienten hinweggesetzt hat und Maßnahmen anordnete, die der jeweilige Patient ausdrücklich abgelehnt hatte. Das Wort "selbstherrlich" beschreibt diese Menschen nur unzureichend.

In der Abteilung, in der ich lange arbeitete, war es "normal", dass der Chefarzt den Angehörigen von krebskranken Patienten völlig unrealistische Therapieerfolge in Aussicht stellte – wohl wissend, dass die betreffenden Patienten nur noch wenige Tage, manchmal nur Stunden, zu leben hatten. Den Zorn und die tiefe Enttäuschung der Angehörigen musste der jeweilige diensthabende Arzt ausbaden. Er weigerte sich überdies in aller Regel, in solchen Fällen mit den Angehörigen nach dem Ableben des Patienten zu sprechen.

Wenn ihm vom Tode des Patienten berichtet wurde, reagierte er kaum. "Das war doch eh' klar" war seine lapidare Standardantwort. Leider glaubten die Menschen dem Herrn Professor jedes Wort. Zu ihrem Nachteil.

Seine ihm unterstellten Ärzte behandelte er wie Leibeigene. Als wir es wagten über unsere unbezahlten Überstunden zu sprechen und um eine Lösung zu bitten, war seine Antwort: "Wer das Boot verlassen will, dem helfe ich hinaus". Dies ist normal in deutschen Kliniken. Die "Eminenzen" regieren selbstherrlich. Es gilt die "Champignon-Taktik". Wer seinen Kopf erhebt, wird abrasiert.

Da in deutschen Kliniken gerade die jungen Ärzte fast ausschließlich befristete Arbeitsverträge haben, trauen sich nur die Wenigsten Rückgrat zu zeigen. Zu groß ist die Sorge um den Arbeitsplatz, auf den sie für ihre Facharztausbildung angewiesen sind. Aus diesen Gründen spielen sich in deutschen Kliniken solche Szenarien jeden Tag hundertfach ab. Ganz extrem ist es in den Universitätskliniken, die vom Nimbus der mehr oder weniger glorreichen Vergangenheit der Universität leben. Wer dort beginnt als Arzt zu arbeiten, bekommt von Anfang an das Gefühl vermittelt, ein ganz besonderes Privileg zu genießen. Es wird vom ersten Tag an unmissverständlich klargemacht, dass die Bezahlung eigentlich überflüssig und somit ein Geschenk sei. Die Ehre dort arbeiten zu dürfen, wäre doch Lohn genug.

Die Ärzte in Führungspositionen sind selbst nicht immun gegen die Macht dieser Maske.

Ich habe immer wieder Ober- und Chefärzte den innerlichen Kotau machen sehen, sobald sie jemandem mit vermeintlich höherem Status begegneten. So konnte der Bruder eines ehemaligen Bundespräsidenten in seinem Krankenhauszimmer Zigarre rauchen, ohne dass er dafür gerügt worden wäre. Brandschutz im Sinne anderen Kranken spielte dabei keine Rolle. Selbst Kommunalpolitiker konnten sich aufführen wie Gutsherren. Selbst der leitende Oberarzt kroch ihnen selbstverständlich in den Allerwertesten. Galt es doch der Rangfolge Genüge zu tun. Den Druck gab er dann ohne Reibungsverluste an die Assistenzärzte weiter.

In der akademischen Welt ist dieses hochherrschaftliche Gebaren der Standard. Professoren benehmen sich in aller Regel wie kleine Könige. Nach Gutsherrenmanier werden die wissenschaftlichen Mitarbeiter toleriert und ausgenutzt. Studenten werden überwiegend ignoriert oder wie Dreck behandelt.

In der sogenannten freien Wirtschaft findet sich diese Maske regelhaft bei Führungspositionen aller Ebenen. Egal ob Vorarbeiter, Schichtführer oder Vorstandsmitglied. Wie heißt es so schön: Macht korrumpiert. Wer eine Position innehat, nutzt diese in aller Regel, um Druck nach unten auszuüben. Das ist ein typisches Verhalten schwacher Männer, die keine Power und keine Eier haben.

In der Politik zeigt sich die daraus resultierende zerstörerische Kraft dieser Maske. Der eigene Status wird von den Politikern ausschließlich dazu missbraucht Fehlinformationen auszustreuen, um die öffentliche Meinung zu eigenen Gunsten zu steuern.

Fehlentscheidungen werden maskiert und unter den Teppich gekehrt. Blasiertes Auftreten und übermäßiges Selbstvertrauen sollen alle Zweifel an der vorgespielten Kompetenz im Keim ersticken.

Die meisten Menschen glauben leider, dass die Position eines Politikers Garant für Sachkenntnis ist. Sie glauben, dass Politiker "schon wissen, wovon sie sprechen". Der daraus entstehende Gehorsam verhindert nicht nur jegliche Opposition gegen desaströse Fehlentscheidungen, sondern auch Fortschritt in jeglicher Hinsicht. Deutschland ist so gezielt jahrzehntelang in die Bedeutungslosigkeit getrieben worden.

Die Maske der Kompetenz ist sicherlich die destruktivste aller Masken. Sie zerstört die Menschlichkeit des Trägers ebenso wie das soziale Gefüge um ihn herum.

Sie verbreitet Angst und Terror. Sie erstickt jegliche Form von Weiterentwicklung und Fortschritt, sowohl in Unternehmen als auch in jeder anderen Organisation.

Wenn Du die Maske der Kompetenz und des Status ablegst, gewinnst Du:

- Demut
- Empathie
- Selbstrespekt
- Authentizität
- Unterstützung

Kennst du Maskenträger?

Bist du einer von Ihnen?

Welchen Status und
welche Kompetenz musst du schützen?
Warum ist das so?

Was könntest du gewinnen?

Was hält dich davon ab?

Maske des Frauenhelden

DIE MASKE DES FRAUENHELDEN

Mit möglichst vielen Frauen zu schlafen, gilt als männlich. Warum das so ist, habe ich nie verstanden.

Den Penis in eine Vagina einzuführen, bedarf wahrlich keiner besonderen Fähigkeiten oder Qualitäten. Männlichkeit ist dafür nicht erforderlich. Reproduktion ist kein menschliches Privileg – jede Lebensform auf diesem Planeten hat diese Fähigkeit. Wieso erhöht es also den Status eines Mannes unter anderen Männern?

Männer konkurrieren in unserer Gesellschaft um zwei Dinge: Geld und Frauen. Wenn Du genau hinsiehst, dann fällt Dir auf, dass es nur um Frauen geht. Die Ursache ist sehr einfach und älter als die Menschheit selbst: Reproduktion. Frauen kontrollieren den Zugang zur Fortpflanzung. Die meisten Männer sind sich darüber nicht bewusst, wie wichtig dieser Aspekt ist. Er lässt sich durch die gesamte Menschheitsgeschichte und praktisch alle Kulturen verfolgen.

Männlicher Nachwuchs war für Männer immer schon sehr wichtig. Sicherlich kommen hier weitere soziokulturelle Aspekte, Dogmen und Weltsichten mit ins Spiel – aber letztendlich geht es um die Weitergabe der eigenen Gene.

Männer wollen etwas von sich hinterlassen, sie wollen nicht einfach sterben und dann vergessen sein. Um das zu bewerkstelligen, brauchen sie unbedingt mindestens eine Frau. Eine Frau, die ein Kind zur Welt bringt, hinterlässt immer ihren Fußabdruck.

Männer sind diesbezüglich in einer tief empfundenen Abhängigkeit, die sie seit Jahrtausenden verunsichert und einschüchtert.

Wie immer beim Kampf um Ressourcen wird auch bei der Ressource "Frau" versucht sie zu dominieren und der eigenen Kontrolle zu unterwerfen. Ich halte die Theorie vom "Penisneid" der Frauen für komplett falsch. Es gibt wohl eher einen "Uterusneid" der Männer. Das ist eine tiefe Wunde, mit der ein Mann lernen muss, umzugehen. Er muss verstehen, was sie für ihn bedeutet und welche Lehren darin stecken.

Ein Mann, der sich seiner Männlichkeit bewusst ist, hat diese Angst und Unsicherheit nicht. Er ist ein würdiger Counterpart für die weibliche Energie, die ohne ihn nicht zu voller Strahlkraft kommt. Ein solcher Mann hat in aller Regel auch kein Problem damit Frauen kennenzulernen. Wenn er keine Partnerin hat, dann ist das seine bewusste Entscheidung.

Die Träger der Maske des Frauenhelden sind sich ihrer Unmännlichkeit bewusst. Ihre tiefe Unsicherheit versuchen sie durch Dominanzgehabe zu überdecken. Das Mittel Frauen zu dominieren ist für sie der Geschlechtsakt. Sie behandeln Frauen herablassend und missachten sie als Person. In solcher Weise sprechen sie auch über ihre "Eroberungen". Wenn es ihnen dient, dann spielen sie jede Rolle die notwendig ist, um die betreffende Frau ins Schlafzimmer zu locken. Nachdem sie bekommen haben, was sie wollten, ist von dem verständnisvollen Gentleman nichts mehr zu sehen.

Andere schwache Männchen bewundern regelhaft den Frauenhelden. Deswegen ist er der König der Dummköpfe.

Die Anzahl seiner "Eroberungen" bestimmt den Status in diesem armseligen Club. Ganz besonders Männchen, die es selbst nicht schaffen mit Frauen Sex zu haben, dient er als Vorbild. Sie glauben sich ebenfalls mehr Status erwerben zu können, wenn sie mit möglichst vielen Frauen Sex haben. Kein Wunder also, dass es Frauen heutzutage fast ausschließlich mit dummgeilen möchtegern-Casanovas zu tun haben.

Die Schar der respektlosen „Porno-Wichser", die sich für Gottes Geschenk an die Frauen halten, wächst täglich. Ja, das ist in der Tat die Bezeichnung, die ich für treffend halte und die ich deswegen auch ganz offen kommuniziere. Solltest Du dies respektlos oder despektierlich finden, dann empfehle ich dir einen Besuch in einem Pornokino deiner Wahl.

Die armselige Wirklichkeit und die Realität, die diese Männer nicht sehen wollen, verschwimmt zunehmend und macht einer wirren Idee von der Notwendigkeit Platz, wie man mit Frauen sprechen und umgehen sollte.

Die sogenannten Dating- und Pickup-Coaches freut es. Armseligen Lappen ohne Männlichkeit zu zeigen, wie sie doch noch zum Schuss kommen, ist ein lukratives Geschäft. Ein bösartiges und Frauenverachtendes noch dazu. Denn die "Techniken" dieser "Coaches" setzten ausschließlich auf das unethische Ausnutzen der psychologischen Schwächen bestimmter Typen von Frauen.

Das eine Beziehung zwischen zwei Menschen auf Vertrauen und echter Zuneigung aufgebaut werden sollte, spielt in diesem Zusammenhang keine Rolle. Ihren Kunden empfehlen sie, einfach wahllos Frauen anzusprechen – irgendwann wird schon eine "ja" sagen. Das widerspricht der Grundidee einer Liebesbeziehung. Es geht wieder nur um den vermeintlichen Status des Frauenhelden.

Die männliche Gesellschaft ist durchdrungen von diesem vermeintlichen Ideal. Völlig unabhängig von Alter, gesellschaftlichem Status oder Bildungsgrad gilt dem Frauenhelden die (oft neidvolle) Bewunderung seiner Geschlechtsgenossen.

Die allermeisten Männer haben nur selten Sex. Dies gilt auch und gerade in ihren Beziehungen. Die allermeisten Ehen sind überwiegend sexlos und erfüllen eher die Kriterien einer Wohngemeinschaft. Gerade die Männer, die Frauen herablassend und übergriffig behandeln haben in aller Regel kaum Zugang zu sexuellen Handlungen außer der Selbstbefriedigung. Frauenfeindliches Verhalten und sexuelle Belästigung sind deshalb in aller Regel ein Ausdruck von Aggression.

Weil sie nicht bekommen, was sie wollen und sich deshalb den Frauen unterlegen fühlen, versuchen die meisten "Männer" sich selbst dadurch zu erhöhen, dass sie andere erniedrigen. Diese Tendenzen verstärken sich mit Erhöhung des gesellschaftlichen und wirtschaftlichen Status. Gerade in Führungsetagen sind gezielte Herabwürdigung und sexuelle Belästigung deshalb an nichts Besonderes. Selbstverständlich würde keiner dieser Männer sein Verhalten gegenüber Frauen selbst in diese Kategorie einordnen.

Selbst in der Führungsliteratur findet sich dieses Klischee wieder. Als Beispiel soll ein deutsches Buch dienen, dass eine Anleitung für Unternehmer im Bereich "Führung" sein will. Die Ideen, die der Autor – selbsternannter Unternehmercoach – in diesem Buch als Führungstheorie verbreitet, sind insgesamt bestenfalls als infantil und unreif zu bewerten. Selbst er unterlässt es nicht, den Typ Frauenheld als Vorbild für "hohen inneren Status" auftreten zu lassen.

Wer die attraktivste Frau "abschleppen" kann, ist der "Alpha" in der Gruppe. Das zumindest behauptet der Autor. Er beschreibt detailliert, wie der Frauenheld in jede beliebige Rolle schlüpft, nur um zu bekommen was er will. Er glorifiziert nicht nur das gesellschaftliche Klischee des Frauenhelden, sondern er exkulpiert generell Un-Authentizität, Dominanzgehabe und Verlogenheit.

Daran lässt sich leicht ablesen, wie unsere Gesellschaft vollständig durchdrungen ist von dieser Männlichkeitslüge. Sie ist einer der Hauptgründe für die seit Jahrtausenden andauernde Unterdrückung und

Ausbeutung von Frauen. Unmännlicher – nein, unmenschlicher – geht es nicht.

Wie alle Masken ist auch diese destruktiv. Sie zerstört das wunderbare Band zwischen der weiblichen und der männlichen Energien. Sie fördert und fordert Dominanz über Frauen. Sie verhindert Vertrauen, Verbindung, Nähe, Liebe und alles, was damit zusammenhängt. Was bleibt ist Misstrauen, Feindschaft und Einsamkeit – das Gegenteil von dem, was sich jeder Mann wünscht.

Wenn Du die Maske des Frauenhelden ablegst, gewinnst Du:

- Selbstliebe
- Verbindung (zu Dir selbst und anderen)
- Freiheit
- Respekt
- Gelassenheit

Kennst du Maskenträger?

Bist <u>du</u> einer von Ihnen?

Wie sieht dein
Frauenbild aus?

Wie sieht
deine Realität aus

MASKE
DES
GELDES

DIE MASKE DES GELDES

Auch wer Einfluss, Titel oder Status hat, setzt gerne diese Maske auf. Für die Männer, die nichts davon haben, ist diese wohl die Maske, die am häufigsten anzutreffen ist. Die Zurschaustellung von mehr oder wenigen teuren materiellen Gütern wird benutzt, um einen höheren Status zu erlangen.

Grundsätzlich wollen die Träger der Maske kommunizieren, dass sie viel Geld besitzen. Dies soll Potenz vortäuschen. Ein Mann der viel Geld hat muss wohl außerordentlich großartige Fähigkeiten haben. Das ist die Idee dahinter. Dass es – objektiv betrachtet – nicht schwer ist Geld zu machen, spielt dabei keine Rolle.

Um dieses Bild des omnipotenten Superhelden zu erzeugen werden vielfach Kredite genutzt. Egal ob über den Mobilfunkvertrag, der das neueste Smartphone liefert oder den Leasingvertrag für das Luxusauto. Deutschland ist ein Blender- und Schuldenland. Ca. 50% der Deutschen zahlen aktuell mindestens einen Kredit ab. Etwa 10% der Deutschen sind überschuldet.

Das Bild des jungen fetten Mannes, der sich einer dieser lächerlichen Männerhandtaschen von einem Luxushersteller um die Brust gebunden hat, ist zum Standard geworden. Gerade in bestimmten ethnischen Gruppen ist es enorm wichtig, Luxusgüter präsentieren zu können. Das Geld für Modeartikel und Handtaschen der bekannten Luxusmarken haben die meisten von ihnen gar nicht.

Für teure Fahrzeuge teilen sich häufig mehrere Männer den Leasingvertrag. Keiner von ihnen wäre wirtschaftlich allein in der Lage die monatlichen Raten zu bedienen. So leben sie lieber weiter in ihrem Kinderzimmer bei den Eltern, um ihr Geld für den repräsentativen Luxus ausgeben zu können

Der durchschnittliche deutsche Kleinbürger spreizt ebenfalls gern auf diese Art sein Gefieder. Es wird mit allem geprotzt. Gleich ob teurer Rasenmäher, Gasgrill oder Home-Entertainment System. Hauptsache, man kann jemanden damit beeindrucken oder noch viel besser, neidisch machen. Fette Spießer zwängen sich in zu enge Jeans und Hemden von Luxusmarken mit riesigen Logos. Dazu tragen sie alberne bunte Sneaker der gleichen Kategorie. Die ganze Verkleidung soll den Anschein erwecken, dass sie in irgendeiner Art und Weise erfolgreich wären.

Dass auf dem Grill für über tausend Euro dann die billigsten Nackensteaks aus dem Discounter liegen spielt keine Rolle. Hauptsache der Grill wird bestaunt. Teuerste Einbauküchen werden so gut wie gar nicht benutzt. Damit sie immer wie neu aussehen. Manche Menschen bauen sich sogar eine billige Zweitküche ein, damit die "gute" Einbauküche nicht abgenutzt wird. Die ist nämlich nur zum Vorzeigen gedacht.

Die Maske des Geldes findet sich allen Schichten der Gesellschaft. Sie soll über den Mangel an Selbstwertgefühl, Mut, Männlichkeit, Potenz und nicht selten auch an Kinderstube hinwegtäuschen.

Ich habe einmal einen der Chefärzte des Unversitätsklinikums Tübingen dabei beobachtet, wie er an einem Samstagnachmittag auf den Parkplatz des Klinikums urinierte, bevor er in sein Jaguar-Sportcoupé stieg und wegfuhr. Gerade unter Akademikern und eher wohlhabenden Männern ersetzt Geld häufig Anstand.

Das ist in der deutschen Unternehmerszene nicht viel anders. Die meisten Unternehmer sind als solche nicht erfolgreich, pflegen aber einen Lebensstil, der das genaue Gegenteil vortäuscht. Sie hangeln sich zwar nur mit Hilfe der Banken von Monat zu Monat, fahren aber immer teure Autos. In aller Regel das Topmodell der jeweiligen Baureihe. In aller Regel ist das ein Leasingfahrzeug. Gut 80% der Oberklasse-Autos sind nicht im Eigentum. Ich habe selbst schon viele Unternehmer erlebt, die zwar kurz vor der Insolvenz standen, aber trotzdem nicht bereit waren, die Ausgaben für ihren luxuriösen Lebensstil einzuschränken. Was sollen denn die Nachbarn denken - dass es im Business nicht gut läuft?

Diejenigen, die wirklich Geld haben, sind häufig fast unerträglich in ihrer Protzerei. Es reicht nicht sich schöne Dinge leisten zu können. Darum geht es nicht. Es geht auch nicht darum, ob das jeweilige Objekt schön ist oder eine positive Emotion auslöst. Es muss teuer sein und einen hohen Wiedererkennungswert haben. Davon leben die Luxusmarken. Solange es niemand mitbekommt, haben all diese Dinge für solche Männer oft gar keinen Wert. Wenn Du im Frankfurter Bankenviertel zum Beispiel zum Brunch oder Abendessen gehst, dann siehst Du dort fast ausschließlich Banker.

Sie sehen alle gleich aus. Die gleichen Anzüge, die gleiche Frisur, die gleiche Uhr. Wenn Du dann ins Parkhaus gehst, dann steht dort ein Luxus-Sportwagen neben dem anderen. Dabei ist der stinknormale Porsche 911 schon eher der "Golf" der Bankerszene.

Gehe nun zurück ins Restaurant und sieh Dir die Gesichter der Männer an. Kalt, leblos, emotionslos. Sieh Dir ihre Frauen an. Behängt wie Pfingstochsen, entstellt durch die unübersehbaren Folgen zu vieler kosmetischer Eingriffe und freudlos. Wenn Du etwas von den Gesprächen mitbekommst, wirst Du feststellen, dass es nur um Geld geht. Wie viel jemand gemacht oder ausgegeben hat.

Ich habe selbst hunderte dieser Banker im Rahmen von sogenannten "Gesundheits-Checkups" als Patienten betreut und mich mit ihnen ausgiebig unterhalten. Glücklich oder auch nur zufrieden war keiner von ihnen. Aber sie waren abhängig vom Geld geworden. Denn der Lebensstil, den sie sich angewöhnt hatten, ließ sich nur durch die immer weitere Infusion von reichlich Geld am Leben erhalten. Davon abrücken will so gut wie niemand von ihnen. Immer wieder erzählten mir "erfolgreiche" Banker davon, wie unglücklich und unzufrieden sie in ihrem Job waren. Sie hatte mehr Angst davor ihrer Frau sagen zu müssen, dass es nun nicht mehr für vierstellige Beträge jede Woche zum Shoppen gehen reicht als davor, ihrem hochbezahlten Sklavendasein weiter nachgehen zu müssen.

Geld dient Männern heutzutage als Ersatz für fast alles. Vor allem aber als Ersatz für ihre Freiheit und ihre Männlichkeit.

Wenn es um Geld geht, werden dominante "Alphas" ganz schnell zu sich in sklavischer Unterwürfigkeit windenden Würmchen, die für jeden bereitwillig die Arschbacken spreizen, der mit Geld winkt.

Geld macht Männer zu Huren. Es ist immer das erste und das wichtigste Thema. Sich selbst zu erniedrigen und alle (angeblichen) Ideale und Werte zu verraten ist völlig in Ordnung – solange es dafür Geld gibt. Im Gegenteil, es wird als dumm angesehen die eigene Integrität über das Geld zu stellen. Jemand anders einen Gefallen zu tun und dafür kein Geld zu verlangen, wird ebenfalls als dumm angesehen. Männer, die so reden solltest Du unbedingt vermeiden und sofort aus Deinem Umfeld entfernen. Sie werden alles und jeden sofort für Geld verraten. Ja, auch dich. Du kannst dir sicher sein. Jemand hat dir eindringlich und glaubhaft erklärt, dass es ihm nicht ums Geld geht? Jetzt ist der Moment, wo du besonders misstrauisch werden solltest.

Geld ersetzt für die meisten Männer Moral und Anstand. Es ersetzt alle anderen Werte. Es ist die Begründung für jegliche Grausamkeit und für grenzenlosen Narzissmus. Du kannst Dir nicht vorstellen, welche Familiendramen ich am Bett sterbender Patienten miterlebt habe. Die Angehörigen stritten häufig bereits vor Eintritt des Todes um das Erbe des Patienten. Manchmal wollten sie den im Sterbeprozess befindlichen Patienten noch zu irgendwelchen Unterschriften zwingen um Alleinerbe zu werden oder andere vom Erbe auszuschließen. Ekelhaft ist das einzige Wort, das mir dazu einfällt.

Geld zerstört Liebe und menschliche Verbindungen.

Die meisten Ehen werden wegen "unüberwindbarer Differenzen" über das Thema Geld geschieden. Bei finanziellem Ruin sagt man "...hat alles verloren."

Nein. Wer tot ist hat alles verloren. Überall ist die Sorge um das Geld führend.

Der Traum vom großen Geld...

Nur tut kaum jemand etwas dafür. Wer keines hat, der ist häufig boshaft neidisch. Meist auf jene, die selbst kein Geld haben, aber "auf Pump" leben und so tun, als könnten sie sich ihren Lebensstil leisten.

Geld verstellt den Blick auf die Realität. Sich seinem Diktat zu unterwerfen, heißt nichts anderes, als die eigene Identität aufzugeben und fortan nur noch als beliebig manipulierbarer Sklave zu leben. Es ist DAS Statussymbol. Du kannst dumm, gemein und moralisch absolut minderwertig sein – wenn Du Geld hast, spielt das keine Rolle. Du wirst schnell Kumpane finden, die genauso sind. Dabei zeigt die Größe der "Entourage" an, wie verlogen der ist, dem sie folgen.

Du kannst hinsehen, wohin Du willst. Überall siehst Du, was Männer, die sich hinter der Maske des Geldes verstecken, zusammen mit ihren Kumpanen anrichten.

Die Politik besteht nahezu ausschließlich aus gekauften Sklaven, die das Lied ihrer Herren singen. Das Kapital beherrscht Deutschland. In diesem Moment (Oktober 2021) wird nach der Wahl verzweifelt versucht aus dem Pool der Leibeigenen eine Regierung zusammenzuzimmern.

Diesbezüglich gibt es keinen Unterschied zwischen Männern und Frauen – verlogen und inkompetent sind sie fast alle. Zumindest in dieser Beziehung haben wir also bereits die Gleichstellung der Geschlechter erreicht.

Aus den Reihen schwächlicher Kastraten kann schwerlich ein echter Anführer gewählt werden. Aus diesem Grund übernehmen sapphische und degenerierte Schwächlinge, die ihr Fähnchen nach dem Winde des Gottes Mammon ausrichten, die Führung dieses Landes.

Zum Glück können sie sich hinter der Maske des Status und des Geldes verstecken. Denn die Masse der Menschen in Deutschland lässt sich davon blenden oder einschüchtern. So muss keiner der Mächtigen befürchten, dass sich jemals eine wirkliche Opposition im Volk bildet. Die Maske des Geldes beraubt Dich der Möglichkeit die wirklich wertvollen Menschen in Dein Leben zu ziehen. Denn diese Art der Außendarstellung zieht nur andere an, die ebenfalls für keine wirklichen Werte einstehen. Sobald Deine finanzielle Strahlkraft nachlässt, werden sie Dich verlassen. Ausnahmslos. Du bist dann nicht mehr interessant oder nicht mehr standesgemäß.

Wenn Du die Maske des Geldes ablegst, gewinnst Du:

- Ehrlichkeit
- Integrität
- Gelassenheit
- Demut
- Offenheit

Kennst du Maskenträger?

Bist du einer von Ihnen?

Wieviel deiner
Unabhängigkeit
hast du für die
Maske des Geldes
verkauft

Was wäre der Gewinn,
wenn du keine Maske
mehr bräuchtest?

Maske des Sportlers

DIE MASKE DES SPORTLERS

In Deutschland sind über 70% der Männer übergewichtig oder fettleibig – das sagen uns die Statistiken. Diese Zahl ist noch deutlich zu niedrig gegriffen.

Sie basiert ausschließlich auf dem BMI – dem Körpermasse-Index. Ein BMI über 25 gilt als übergewichtig. Ab einem BMI über 30 spricht man von Fettleibigkeit. Zur realistischen Beurteilung muss aber der Körperfettanteil herangezogen werden. Wenn er die Grundlage der statistischen Auswertungen wäre, dann würde klar werden, dass sicherlich an die 90% der Männer in Deutschland zu fett sind.

Denn auch bei "normalem" BMI führt der pandemische Mangel an Muskelmasse dazu, dass der Körperfettanteil viel zu hoch ist. Bei Männern sollte er deutlich unter 15% der Körpermasse liegen. Alles darüber führt auf Dauer zu erheblichen gesundheitlichen Problemen. Der Mangel an Muskelmasse ist per se bereits ein krankmachender Zustand. Es ist wissenschaftlich eindeutig bewiesen, dass Muskelmasse und Körperkraft die zwei Faktoren mit dem stärksten Vorhersagewert sind, wenn es um Erkrankungsrisiken und Lebenszeit geht. Je höher die Muskelmasse, um so geringer ist das Risiko für die nicht-übertragbaren Erkrankungen (non-communicable Diseases), die für die Hauptmasse der Patienten verantwortlich sind: Herz-Kreislauf-Erkrankungen (Bluthochdruck, Herzinfarkt, Schlaganfall), Diabetes und Krebs.

Was hat all das mit der Maske des Sportlers zu tun?

Das will ich Dir im Folgenden erklären. Es gibt bei dieser Maske verschiedene Ausprägungen: Den Körperkult-Anhänger, den Leistungssportler und den fetten Poser.

Eines ist allen zu eigen: die Definition der eigenen Maskulinität über die athletische Leistungsfähigkeit – egal ob real oder Illusion.

DER KÖRPERKULT-ANHÄNGER

Sportlich aktiv zu sein – also regelmäßig intensives körperliches Training zu absolvieren – hat heutzutage für die wenigsten Menschen eine Bedeutung im Hinblick auf ihre Gesundheit. Gerade im Zeitalter des Internets und hier im Besonderen der Social Media, sind Äußerlichkeiten entscheidend. Wenn sich jemand in Social Media präsentiert, dann geht es überwiegend um Selbstdarstellung, egal unter welchem Aspekt. Die Maske des Geldes wird häufig präsentiert.

Schönheit ist zu einem echten Kult geworden. Die Social-Media-Kanäle laufen über mit Profilen von "Fitness-Influencern", die meist nichts anderes tun als geschicktes Styling und ausgiebige Photoshop-Retusche zu präsentieren. Mit Sport im eigentlichen Sinne haben viele von ihnen gar nichts zu tun. Sich im Fitness-Studio in Sportkleidung fotografieren zu lassen ist doch fast genauso gut wie wirklich aktiv zu sein – so lautet offenbar die Formel.

Nicht wenige weibliche Fitness-Influencer (und solche, die es gerne wären) haben offensichtlich eine Essstörung. Immer wieder werden solche Schicksale offiziell bekannt, wenn eine von ihnen das Schweigen bricht. Egal ob Männer oder Frauen – viele von denen, die den "Fitness-Lifestyle" repräsentieren nutzen unerlaubte Substanzen – Drogen, Medikamente und Dopingmittel – um dem Druck überhaupt standhalten zu können. Die Konkurrenz ist groß, und sie schläft nicht.

Sich solcherart darzustellen, repräsentiert diese Ausprägung der Maske des Sportlers. Angebliche Perfektion gepaart mit schier übermenschlicher Leistungsfähigkeit und Disziplin dient als Schutzschild.

Bewunderung und externe Validierung sind der Lohn für all die Mühe – ob nun im Gym oder bei der Retusche am Computer. So muss sich der Maskenträger nicht als realer, verletzlicher Mensch zeigen. Daher sind auch seine Sozialkontakte oberflächlich. Sie bestehen in aller Regel fast ausschließlich aus Menschen gleicher Gesinnung. Daher gibt es in seiner Welt nur Oberflächlichkeit, Arroganz und Verlogenheit. Es geht nur um Äußerlichkeiten. Menschliche Werte spielen keine Rolle. Aus meiner langen Erfahrung als Arzt weiß ich, dass nicht wenige dieser Menschen schließlich in Depression verfallen und psychiatrisch behandelt werden müssen. Immer wieder gibt es Suizidversuche.

Der Preis gerade für diese Variante dieser Maske ist hoch.

DER LEISTUNGSSPORTLER

Wenn ein Mann bereits als Kind oder Jugendlicher mit dem Leistungssport in Kontakt kommt, lernt er bereits sehr früh diese Maske zu tragen.

Typischerweise wird Kindern im Leistungssport beigebracht, dass sie nur einen Wert haben, wenn sie gewinnen. Ein echtes Wertesystem, dass sie lehrt sich selbst als Person zu schätzen, wird ihnen dort nicht vermittelt. Selbst wenn der junge Mann sich dazu entschließt nicht weiter Leistungssport zu betreiben, so bleibt dennoch das Mindset "schneller, höher, weiter als die anderen" übrig. Der erlernte Mangel an Selbstwertgefühl soll durch Höchstleistungen, egal in welchem Bereich, kompensiert werden. Dadurch entstehen ständig Schuldgefühle und Frustration. Die Erwartungen sind immer höher als die erbrachte Leistung. So hat der Mann es als Kind bereits gelernt: Ich werde nie gut genug sein.

Um die Maske des Leistungssportlers zu tragen, muss ein Mann nicht einmal mehr sportlich aktiv sein. Allein die Tatsache, einmal sportlich auf höherem Niveau aktiv gewesen zu sein reicht mitunter, um sich für immer dahinter zu verstecken.

Einmal Disziplin gehabt zu haben ist schließlich genauso gut wie diszipliniert zu sein. So gilt es zumindest in der Welt dieses Maskenträgers.

Du erkennst diese Variante sehr leicht. Es sind die "ich...damals"-Geschichten-Erzähler. Egal ob es ein Marathon, ein Triathlon, ein Alpencross oder sonst irgendein sportliches Ereignis war. Der Maskenträger sonnt sich für immer in längst vergangenem Glanze des Ruhms.

Ich habe mehrfach in meiner Laufbahn als Arzt Vorgesetzte und Arbeitgeber erlebt, die diese Maske trugen. Als ich in Frankfurt Checkups unter anderem für die deutsche Bank durchgeführt habe, arbeitete ich für einen dieser Maskenträger. Er erzählte immer wieder von seiner Triathlon-Karriere und hatte sogar eine Gegenstromanlage in seinem Pool installieren lassen. Er war allerdings ein dünnes, ständig über Rückenprobleme jammerndes Männlein mit schrecklich kraftloser Körperhaltung. Fahrradtouren machte er wegen der vielen Steigungen nur mit einen E-Bike. Ein gut trainierter Triathlet sollte mit dem Fahrradfahren eigentlich kein Problem haben.

Zusätzlich trug er noch die Maske der Kompetenz. Er wusste immer alles besser – ein Narzisst, wie er im Buche steht. Kein Wunder, dass ihm nicht nur ständig die angestellten Ärzte, sondern schließlich auch seine Frau samt gemeinsamer Tochter davonliefen.

Nun gibt es aber natürlich auch Träger dieser Maske, die tatsächlich in erheblichem Maße sportlich aktiv sind. Bei ihnen dreht sich häufig alles nur um ihr Training. Jeder andere Aspekt ihres Lebens wird dem Sport untergeordnet. Selbst die eigene Familie bekommt an zeitlichen und energetischen Ressourcen nur, was übrigbleibt.

Nicht wenige dieser Männer zehren sich durch ihre Besessenheit kräftemäßig so aus, dass sie nicht einmal mehr Lust auf Sex haben – sehr zur Enttäuschung ihrer Partnerinnen.

Das spielt für sie selbst allerdings kaum eine Rolle. Viel zu selbstverständlich ist es für jene Männer, dass ihre eigenen Bedürfnisse im Vordergrund stehen.

Das sie dadurch immer mehr die Verbindung zu ihrer Familie verlieren, bemerken diese Männer nicht. Die Distanz wächst täglich, bis es häufig dann zur, von der Frau initiierten, Trennung kommt. Die Kinder werden entweder gezwungen ebenfalls Sport als höchste Priorität in ihrem Leben zu betrachten oder abgelehnt, weil sie das nicht wollen. Der Träger dieser Maske hat nur Geringschätzung für andere Menschen übrig, wenn sie seine Weltsicht nicht teilen wollen.

Schließlich macht ihn seine athletische Kapazität allen anderen überlegen. Das ist es, was er glaubt. Und dies zeigt er auch. Dies lenkt von der eigenen Unsicherheit, Minderwertigkeitsgefühlen und Problemen bei der sozialen Interaktion ab.

DER FETTE POSER

Er betrachtet sich als fitter Sportler, obwohl das komplett abwegig ist. "Fat and fit" gibt es nicht. Ein wissenschaftlicher Fakt.

Der fette Poser labelt sich gerne als Bodybuilder oder Powerlifter. Das scheint ihm richtig. Denn Sportler aus diesen Bereichen sind typischerweise "Big". Das fett nicht muskulös ist, spielt für ihn keine Rolle. Stark ist er möglicherweise sogar – allerdings kann er nur sehr kurz die Kraftleistung vollbringen. Ausdauer besitzt er in aller Regel keine. Ausnahmen bestätigen die Regel. Es gibt Exemplare die zum Beispiel sehr Ausdauernde Radfahrer sind – die haben dafür keine Kraft.

Kraftsport zu betreiben, egal unter welchem Namen, und gleichzeitig fett zu sein hat nichts mit Athletik zu tun. Dennoch kannst Du im Fitnessstudio häufig solche Männer dabei beobachten, wie sie literweise Proteinshakes konsumieren. Häufig um damit die Aminosäuren-Tabletten runterzuspülen. Dabei ist eine zu geringe Kalorienzufuhr sicherlich nicht ihr Problem. Aber viel Protein lässt ja die Muskeln wachsen – so die Annahme. Dass man die unter all dem Fett nicht sehen kann, stört nicht weiter. Der fette Poser trägt in aller Regel zum Training tief ausgeschnittene Tank-Tops. Er betrachtet sich auch gerne im Spiegel, bevorzugt bei der Doppel-Bizepspose.

Im lokalen Fußballverein kannst Du ihn häufig treffen. Er kickt in der Altherrenmannschaft am Samstag ein bisschen den Ball über das Feld – solange er dabei nicht zu viel laufen muss.

Egal. Darum geht es auch gar nicht. Wichtig ist das Saufen mit den anderen Pseudo-Sportlern nach dem "Training".

Oder er steht als Unterstützer der lokalen Mannschaft am Spielfeldrand. Natürlich kommentiert er fortwährend die Leistung der Spieler, dabei kann er selbst nicht einmal eine Spielfeldlänge rennen. Um als Experte für körperliche Leistung aufzutreten, muss er nicht in der Lage sein, diese selbst zu erbringen. Im Rahmen der medizinischen Checkups, die ich einige Jahre durchgeführt habe, begegneten mir viele dieser Pseudosportler.

Auf die standardisierte Frage "Treiben sie Sport? Wenn ja, welchen?" hörte ich nicht selten die Antwort „Fußball“

Auf meine Nachfrage wie häufig sie spielen würden und mit welcher Intensität waren die Antworten bereits deutlich diffuser. "Ich trainiere eine Jugendmannschaft", „Ich spiele in der Altherrenmannschaft“ oder „Ich bin aktiver Förderer und helfe bei der Organisation der Veranstaltungen“ hörte ich dann als Beleg für die eigenen sportlichen Ambitionen.

Case closed.

Immer häufiger trifft man in dieser Kategorie inzwischen auch den Golfspieler. In aller Regel finanziell gut situiert und den leiblichen Genüssen sehr zugetan betrachtet er sich selbstverständlich als Sportler. Sicherlich gibt es sportliche Golfer, die Höchstleistungen erbringen können. Das Gros von ihnen ist allerdings weit davon entfernt.

Die Entrüstung des typischen fetten Golfspielers ist immer groß, wenn er keine Zustimmung erfährt. In meiner Tätigkeit als Arzt, aber auch als Trainer, Ernährungscoach und Gym-Besitzer hatte ich viele solcher Gespräche. Golf ist zwar als Sport definiert, fit macht es niemanden.

Die typische Antwort eines Golfspielers ist in aller Regel die Angabe, wie viele Kilometer er bei einem Spiel gehen muss. Es sind im Schnitt fünf, maximal acht Kilometer. Viele Spieler benutzen allerdings einen Golfwagen, der die Ausrüstung und den „Sportler" bequem von Loch zu Loch fährt.

Auch hier bleibt am Ende die Illusion von Leistung übrig. Wie beim Wochenend-Fußballer auch.

Das Resultat der Pseudo-Sportlichkeit ist ein völlig überzogenes Selbstbewusstsein. Dies resultiert paradoxerweise aus einem Mangel an echtem Selbstwertgefühl.

Wenn Du die Maske des Sportlers (egal welcher Unterart) ablegst, gewinnst Du:

- Selbstwert
- Authentizität
- Kreativität
- Verbindung
- Ausgewogenheit/Balance

Kennst du Maskenträger?

Bist du einer von Ihnen?

Welche Bedeutung
hat Sport für dich?

Welche Funktion
erfüllt Sport für dich?

Maske des Intellektuellen

DIE MASKE DES INTELLEKTUELLEN

Intelligenz und Bildung sind nicht das gleiche. Wer beides besitzt, kann sich glücklich schätzen. Das ist aber eher selten. Gebildete Männer sind häufig nicht besonders intelligent. Intelligente Männer sind oft nicht gebildet. Meist sind es einfach Fachidioten.

Das reicht ihnen aber bereits, um in nahezu unerträglicher Weise arrogant auf andere herabzublicken. Es gibt natürlich Männer, die über einen ausgeprägten Intellekt und eine weitreichende Bildung besitzen. Allerdings benutzen längst nicht alle von ihnen ihren Intellekt als Waffe.

Wirkliche Intelligenz zeichnet sich dadurch aus, die eigene Weltsicht jederzeit infrage stellen zu können und andere Perspektiven aktiv zuzulassen. Ich habe im Laufe meines Lebens viele Männer getroffen, die erheblich klüger waren als ich. Nur die wenigsten ließen ihr Gegenüber dies spüren. Ein Mann, der in sich ruht, wird niemals mit dem was er hat protzen. Warum auch?

Ich bin seit über 20 Jahren Arzt. Ich kann diese Berufsgruppe also hier als Referenzmodell für die Maske des Intellektuellen anführen. Unter Ärzten findet sich die Maske des Intellektuellen sehr häufig. Gerade in der Interaktion der Ärzte untereinander wird sie getragen. Hier nützt die Maske der Kompetenz nämlich oft nichts.

Es muss eine andere Maske her. Eine Maske, hinter der man sich vor den anderen verstecken und sich gleichzeitig über sie erheben kann.

Auch wenn die wenigsten Ärzte über wirklich gute Allgemeinbildung verfügen, benehmen sich so, als hätten sie die sprichwörtliche Weisheit mit Löffeln gefressen.

Halbwissen und fragwürdige Informationen aus Quellen wie Wikipedia füllen die häufig gigantischen Bildungslücken. Ganz besonders Ober- und Chefärzte geben sich gerne den Nimbus des Intellektuellen. Sie haben gelernt das Status-Spiel zu spielen. Besonders schlau und überheblich zu wirken, erhöht den Status und damit die politischen Möglichkeiten für den Maskenträger. Die meisten dieser Positionen werden nur aus politischem Kalkül vergeben und nicht etwa aus Gründen wie Kompetenz oder Erfahrung. Auch bei niedergelassenen Ärzten ist diese Maske häufig zu finden. Je höher der Spezialisierungsgrad, um so öfter wird diese Maske getragen.

Ich bin unter anderem Facharzt für Nephrologie (Nierenheilkunde). Diese Fachspezialisierung ist selten. Nur ein Facharzt für Nephrologie darf ein Dialysezentrum betreiben. Im Grunde eine Gelddruckmaschine. Die Patienten gehen nicht aus. Ganz im Gegenteil. Wohlstand ist garantiert, wenn ein Arzt ein solches Zentrum besitzt.

Und nur genau dies interessiert die meisten von ihnen. Zusammentreffen von Fachärzten der Nephrologie haben in mir immer ein Gefühl von Brechreiz ausgelöst. Die meisten von ihnen konnten sich nicht einmal vernünftig kleiden. Aber alle versuchten sich durch möglichst schlaues Geschwätz gegenseitig zu übertreffen.

Solches Verhalten findet sich bei vielen Trägern dieser Maske, unabhängig vom Beruf. Natürlich sind unter ihnen auch wirklich intelligente und gebildete Männer.

Die sind oft noch schwerer zu ertragen. Zudem sind sie noch toxischer für all ihre Sozialkontakte und Beziehungen als die pseudogebildeten Maskenträger. Sie setzen ihre Intelligenz sehr gezielt mit böser Absicht ein, um andere zu manipulieren und sie zu dominieren. Ihre Bildung nutzen sie ausschließlich, um sich über andere Menschen zu erheben. Sie lassen Dritte gerne spüren, für wie minderwertig sie diese halten.

Es findet sich beim Träger dieser Maske häufig eine typische Konstellation von Leidenschaften. Literatur (je verkopfter um so besser), klassische Musik und Spirituosen, zumeist Wein. Immer häufiger aber auch Whisky und Rum. Er ergeht sich gerne in schier endlosen Vorträgen über den Wein, der sich gerade im Glas befindet. Er begegnet der offensichtlichen sensorischen Inkompetenz der anderen mit äußerster Herablassung. Ich habe mich oft in solchen Situationen gefragt, ob solche Popanze ein Leben überhaupt als erhaltungswürdig betrachten, wenn man nicht über die Mineralität des Bodens und die verschiedenen Löß-schichten schwadronieren kann, die sich im Wein herausschmecken lassen.

Die Träger der Maske des Intellektuellen haben immer etwas mehr oder weniger Schlaues zu sagen. Oder zumindest etwas, dass sich so anhört.

Sie verbreiten sich nur allzu gerne, schließlich könnte ja irgendjemand noch nicht die Überlegenheit ihres Geistes bemerkt haben.

Weil sie nur in Ausnahmefällen über einen starken und leistungsfähigen Körper verfügen und sehr selten in der Lage wären eine körperliche Auseinandersetzung zu überstehen, ist Reden für sie die Fähigkeit, die sie am stärksten kultivieren. Sie versuchen schlicht sich aus allem herauszuquatschen. Diese Eigenschaft lässt sie in unverhohlener Arroganz auf alle Männer herabblicken, die noch über ein natürliches Aggressionspotential verfügen. Männer, die in der Lage und auch bereit sind in eine körperliche Konfrontation zu gehen, stempelt dieser Maskenträger generell als asozial ab. Diese Haltung ist nichts anderes als der Versuch, über die ausgeprägten eigenen Unzulänglichkeiten und den nahezu totalen Mangel an Maskulinität hinwegzutäuschen.

Der Maskenträger selbst verfügt in aller Regel jedoch selbst über ein ausgeprägtes Aggressionspotential, welches er selbst nicht kontrollieren kann. Nahezu jeder Satz von ihm ist von verbaler Aggression geprägt. Er bedient sich gerne rhetorischer Mittel, um den anderen zu drangsalieren und zu dominieren. Er ist typischerweise ein Wortverdreher, der mit der eigenen Realität nicht umgehen kann. So zeigt er mit dem Finger auf andere, um auf alles hinzuweisen, was seiner Weltsicht widerspricht und somit als "falsch" anzusehen ist.

Er ist der typische "Keyboard-Warrior" und im Internet oft als sogenannter "Troll" anzutreffen.

Er will absichtlich Streitgespräche auslösen und unternimmt Anstrengungen, um diese dann eskalieren zu lassen. Der Ärger der anderen ist ihm ein Fest. Weiß er doch, dass ihm keine Unbill droht. Der Anonymität des Internets sei Dank.

Von Angesicht zu Angesicht würde er sich häufig nicht trauen den Mund aufzumachen. Er fürchtet physische Gewalt. Er weiß, dass er in einer körperlichen Auseinandersetzung keine Chance hätte. Er unternimmt aber nichts, um seine Fähigkeiten auf diesem Gebiet zu verbessern. Aus diesem Grund ist er für seine Familie im Falle eines Angriffs wertlos. Er müsste eher von einer Frau beschützt werde, als dass er selbst dem Angreifer entgegentreten könnte.

Der Träger dieser Maske ist generell eher eine Belastung als eine Bereicherung. Er braucht enorm viel Aufmerksamkeit, fordert ständig Rücksichtnahme und ist ein Egoist wie er im Buche steht. Narzisstische Züge sind bei ihm stets vorhanden. Nicht selten auch die eines Psychopathen. Der typische schmerbäuchige, dünnarmige und kraftlose Pseudophilosoph ist ein typischer Vertreter dieser Maske. Er hält gerne seine endlosen Hasstiraden für große Literatur.

Die Maske des Intellektuellen wird sehr häufig von Energievampiren getragen. Das sind jene Menschen, die sich immer in der Opferhaltung befinden und ständig von anderen „Mehr!“ fordern. Mehr Aufmerksamkeit, mehr Rücksichtnahme, mehr Unterstützung.

Sie sind nie zufrieden und saugen die Menschen, die sie unterstützen bis aufs Mark aus. Wenn dann nichts mehr zu holen ist oder das Opfer aufgibt, werden sie sich darüber entrüsten, dass sie nun im Stich gelassen werden.

In der Szene der "Coaches" und "Speaker" findest Du viele Träger diese Maske. Die bekanntesten von ihnen sind Scharlatane. Mit ausgeklügelten Shows voller psychologischer Tricks, lebhafter Musik, Lightshow und Konfettiregen gaukeln sie den Menschen vor, dass sich deren Leben nun ändern wird. Durch das Kolportieren auswendig gelernter Sätze, Weisheiten und Motivationssprüche in dieser Atmosphäre sorgen sie für die Ausschüttung erheblicher Mengen von Dopamin in den Gehirnen ihrer Opfer. Dopamin ist unser "Glückshormon". Seine Ausschüttung lässt sich sehr leicht triggern. Zum Beispiel durch Komplimente, Sex oder auch gutes Essen. Wer die entsprechenden Psychotricks drauf hat, kann in anderen Menschenleicht Reaktionen auslösen, die sich wörtlich deren Kontrolle entziehen. Das Dopamin-Level fällt allerdings schnell wieder ab. Zunächst auf das vorherige Niveau und dann deutlich darunter.

Nun kommt es zum sogenannten "Post-Event-Blues". Der niedrige Dopamin-Spiegel im Gehirn sorgt für das Gegenteil. Frustration, Angst und depressive Verstimmung sind die Folge. Das großartige Gefühl der Motivation ist verflogen – eine Veränderung ist aber weder eingetreten noch in Aussicht. Antriebs- und ratlos bleibt das Opfer zurück.

Dies ist durchaus beabsichtigt damit die Opfer nun wiederkommen und das nächste Ticket oder das nächste Produkt kaufen. Wieder neue Hoffnung, dass sich ihr Leben endlich zum positiven verändern wird. Die Scharlatane bieten keine lösungsorientierten Konzepte, nur schlaues Gerede. Der Blick hinter die Kulissen enthüllt, dass diese Menschen selbst nichts von dem Leben, was sie predigen. Sie sind lediglich versierte Verkäufer, die sich gegenseitig ihre Opfer zuspielen und sich dabei auch wechselseitig unterstützen. Selbstverständlich für entsprechendes Entgelt.

Der Träger dieser Maske versteckt sich hinter seinen (oft illusorischen) geistigen Fähigkeiten. Dadurch macht er es anderen unmöglich, eine tatsächliche Verbindung zu ihm herzustellen. Emotionen sind ihm ein Graus, weiß er doch nicht, was er mit ihnen anfangen soll. Er versucht sich auf diese Weise auch von den eigenen Gefühlen abzuschirmen. Er ist innerlich einsam und zutiefst verängstigt. Durch die Maske des Intellektuellen kann er die Distanz zu anderen Menschen schaffen, die ihm das so dringend benötigte Gefühl von Sicherheit gibt. Man könnte es auch so formulieren: Er möchte zurück in den Schoß seiner Mutter.

Wenn Du die Maske des Intellektuellen ablegst, gewinnst Du:

- Zugang zu Deinen Emotionen
- Sichtbarkeit
- Verbindung
- Freiheit
- Selbstständigkeit

Kennst du Maskenträger?

Bist du einer von Ihnen?

Wo nutzt du die
„Waffe des Intellekts“?

Was hoffst du damit
verstecken zu können?

Maske des Clowns

DIE MASKE DES CLOWNS

Humor ist eine sehr wertvolle Eigenschaft. Wer nicht in der Lage ist über sich selbst und das Leben an sich zu lachen, der wird ein düsteres und enttäuschendes Leben hinter sich bringen müssen.

Die Fähigkeit auch unter größter Belastung noch einen Witz oder eine humorvolle Bemerkung zu machen ist ein Zeichen für ausgeprägte Resilienz. Dies ist ein wissenschaftlicher Fakt. Gerade bei militärischen Spezialeinsatzkräften wie zum Beispiel den Navy-SEALs, den Green Berets oder der britischen SAS gilt es als sehr wichtig, einen "Joker" im Team zu haben. Das ist die Person, die eine Situation durch Humor entspannen kann. Dies sorgt für bessere Performance und Resilienz im gesamten Team. Für Menschen, die ausschließlich in "High-Stress"-Umgebungen tätig sind, ist dieses Element von enormer Bedeutung.

Es gibt allerdings gerade in unserer Gesellschaft Männer, die versuchen witzig zu sein. Die ganze Zeit. Immer. Es gibt nahezu keine Situation, in der sie nicht irgendwelche Dümmlichkeiten von sich geben, nur um sich im gleichen Moment selbst dafür zu feiern. Sicherlich kennst Du auch so jemanden, denn die Maske des Clowns ist sehr weit verbreitet.

Die meisten Träger dieser Maske sind fette Männer, die über ihre erheblichen körperlichen Defizite mit dieser Art von Pseudohumor versuchen hinwegzutäuschen.

Nicht wenige von ihnen halten sich für brillante Denker mit einem besonderen Talent für Rhetorik, Ironie und Sarkasmus. In diesen Individuen zeigt die Maske des Clowns eine enge Verwandtschaft mit der Maske des Intellektuellen. Nun, Sarkasmus ist immer die letzte Zuflucht der Verlierer, um die anderen auf ihr Niveau herunterzuziehen. Sarkasmus hat nichts mit Intelligenz zu tun, sondern mit Verletzung, Unsicherheit und Impotenz.

Was der Träger der Maske für "witzig" oder "humorvoll" hält ist oft einfach nur klebrig, unangenehm und grenzüberschreitend. Häufig findet sich in diesen Äußerungen offener Sexismus, vielfach auch Rassismus, der auf diese Weise getarnt werden soll. Allerdings wird aus einem Schwein keine Ballerina, nur weil Du ihm ein Tutu anziehst.

Bei meinem Anzugschneider hier in Hamburg arbeitet so ein fetter Clown. Wenn meine Frau bei einem Termin in seinem Geschäft anwesend ist, dann macht er pausenlos anzügliche Bemerkungen. In bestimmten Gesellschaftsgruppen würde dies durchaus rechtfertigen, ihm die Zähne einzuschlagen. Wüsste er, wie ich im Alter von 20 bis 30 Jahren mein Geld verdient habe – nämlich mit der fast täglichen Ausübung körperlicher Gewalt – wäre er vermutlich vorsichtiger. Ich habe damals Männern für weniger Anmaßung die Zähne ausgeschlagen. Ich trug die Maske des Schlägers und des Sportlers. Er ist aber in seiner vermeintlich "wichtigen" Position so überheblich und arrogant, dass ihm dieses immanente physische Risiko sicherlich überhaupt nicht bewusst ist.

Er hat sich seiner Kundschaft, überwiegend Träger der Maske des Geldes, angepasst. Nun glaubt er selbst etwas "Besseres" zu sein. Die Tatsache, dass er selbst viele Anzüge besitzt (davon spricht er die ganze Zeit) verleiht ihm zusätzlich die Maske des Status. "Kleider machen Leute" heißt es ja. Das Gegenteil ist der Fall.

Diese und andere Kombinationen wirst Du häufig vorfinden. Dabei wirst Du feststellen, dass die anderen Masken als Legitimation, ja geradezu als Fundament für die Maske des Clowns dienen. Bis auf wenige Ausnahmen ist allen Trägern dieser Maske eine Charakteristik zu eigen. Ihre nahezu totale Impotenz in allen Lebensbereichen. Sie haben weder Zuhause noch in ihrer Arbeit wirklich etwas zu sagen. Darum reden sie so viel. Sie haben weder finanzielle, körperliche oder politische Kraft. Andere Einflussmöglichkeiten fehlen ihnen ebenfalls. Ausstrahlung oder gar Charisma wirst Du niemals bei einem Träger der Maske des Clowns finden. Genau davon soll sein ständiges albernes Gerede und Gehabe ablenken.

Er will im Mittelpunkt stehen, weiß aber instinktiv, dass er dort nichts verloren hat. Je größer die Machtlosigkeit, um so penetranter lebt er die Maske aus. Häufig lacht er als erster und auch am lautesten über seine eigenen "Witze". Oft beendet er jeden Satz mit einem Lacher. Insgesamt ein ganz typisches Zeichen für erhebliche Unsicherheit. Zur gleichen Zeit ist er völlig unsensibel für die Reaktionen seiner Gesprächspartner. Egal wie verlegen die Reaktion ist oder wie oft jemand über die Bemerkungen einfach hinweggeht, er wird nicht damit aufhören dummes Zeug von sich zu geben.

Im Gegenteil, er wird mit noch mehr Nachdruck auf eine Reaktion seines Gesprächspartners hinarbeiten. Wahrgenommen zu werden ist sein Ziel, denn er fühlt sich bedeutungslos.

Das ist aufgrund seiner generellen Machtlosigkeit kein Wunder. Da er sich nicht traut mutig sein Potential freizusetzen ist er dazu verdammt anderen Menschen eine Sekunde Aufmerksamkeit abzuluchsen. Er ist ein emotionaler Bettler. Einer der aufdringlichen Sorte. Seine distanzlose und indifferente Art macht es fast unmöglich ihn in seine Schranken zu weisen. Er wird konsequent jeden Hinweis ignorieren. Erst die sehr harsche und direkte Ansprache wird ihn – unter Umständen – vorübergehend dazu veranlassen, keine dümmliche Bemerkung mehr zu machen. Sobald er aber spürt, dass der Ärger seines Gegenübers verflogen ist, wird er da weitermachen, wo er aufgehört hat.

Dieses Verhalten macht ihn für die meisten Menschen unerträglich. Sie meiden seine Gegenwart. Ist Sie unausweichlich, dann bemühen sie sich die Kommunikation so kurz wie möglich zu halten. Seine eigene Familie resigniert in aller Regel und arrangiert sich mit dem Verhalten des Clowns.

Wenn Du die Maske des Clowns ablegst, gewinnst Du:

- Authentizität
- Ruhe
- Verbindung
- Bedeutung
- Anerkennung

Kennst du Maskenträger?

Bist du einer von Ihnen?

Wo überspielst du
Deine Unsicherheit
mit „Humor“?

Warum machst du das?
Was wäre die Alternative?

Maske
des
Schlägers

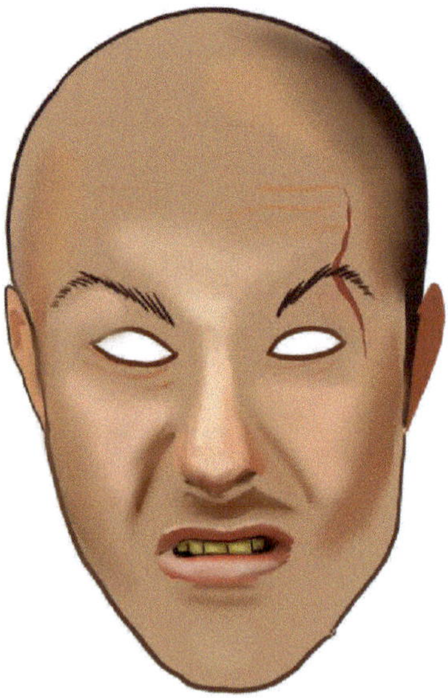

DIE MASKE DES SCHLÄGERS

Sie spielt in bestimmten Gesellschaftsschichten eine große Rolle, deswegen erwähne ich sie hier. Gerade in den sogenannten "unteren" sozialen Schichten ist sie weitverbreitet. Sie wird häufig vom Vater geerbt.

Die Gesellschaft, in der sich der Träger dieser Maske überwiegend (oder sogar ausschließlich) bewegt hat Gewalt als einziges Mittel sich zu behaupten akzeptiert. Der Heranwachsende muss sich früh entscheiden, ob er selbst gewalttätig leben oder ein Opfer sein will.

Die Maske des Schlägers dient dem Träger unter verschiedenen Aspekten. Sie maskiert seine Unsicherheit, Minderwertigkeitsgefühle und mangelnde Selbstliebe. Sie verleiht ihm Status und Bedeutung. Sie gibt ihm Macht und ermöglicht es ihm, seine eigenen Gefühle nicht wahrnehmen zu müssen. Sie lässt ihm aber auch keine Wahl. Einmal aufgesetzt muss sie immer wieder nach außen demonstriert werden. Es entsteht sowas wie eine Verpflichtung zur Gewalt. Alles andere würde als Schwäche ausgelegt werden. Dies führt wiederum zu Verlust von Status, Einfluss und Sicherheit.

Die Maske des Schlägers gibt ihrem Träger Sicherheit, die oft trügerisch ist. Sie erzeugt Zirkel der Aggression und Gewalt. Sobald jemand anders stärker ist oder, und das passiert viel häufiger, sich mehrere Schwächere gegen den Träger der Maske verbünden, wird er mit erheblichen Konsequenzen für sein Verhalten rechnen müssen.

In der Welt des Maskenträgers ist dies allerdings nur eine Bestätigung für die Notwendigkeit, Gewalt jederzeit freizügig auszuüben.

Das Bewusstsein einen anderen Mann physisch dominieren zu können gibt Selbstsicherheit. Ich empfehle jedem Mann, sich diese Fähigkeiten anzueignen. Und sie dann nicht einzusetzen, es sei denn im absoluten Notfall. Es ist zutiefst männlich, körperliche Überlegenheit anzustreben. In unserem Land der mickrigen oder fetten Pseudomännchen ist dies in Vergessenheit geraten und gilt als verpönt. So ist es zu dem bedenklichen Zustand unserer Gesellschaft gekommen. Am stärksten sind Qualitäten wie Männlichkeit, Mut und Disziplin in den unteren sozialen Schichten vertreten. Kriminelle haben nun fast das Monopol auf Eigenschaften, die alle Männer dringend brauchen.

Sie werden allerdings in "Brennpunkten" isoliert und gezielt konzentriert, denn unser Staat will keine starken, maskulinen Männer. Diese nicht zuletzt von außen oktroyierter Perspektivlosigkeit lässt sie vielfach nicht danach streben ihre Qualitäten sinnvoll und zielgerichtet einzusetzen. Ich behaupte, dass sich nicht wenige großartige Männer in diesem Kollektiv befinden, welches von der Gesellschaft verachtet wird. Dafür haben fette Opportunisten mit Wahnvorstellungen von Größe und Großartigkeit das Ruder übernommen.

Die Maske des Schlägers verleiht ein Gefühl von Macht. Ich habe sie selbst über 10 Jahre lang getragen, legitimiert durch meine Arbeit in der Sicherheitsbranche.

Sie verlieh mir die Fähigkeit andere zu dominieren. Bereits die Androhung von Gewalt wird 9 von 10 Männern zurückweichen lassen. Die, die selbst bereit sind Gewalt auszuüben, sind davon ausgenommen.

Ich war stolz darauf, anderen Angst machen zu können. Ich war auch stolz darauf, mich mit denen, die nicht beeindruckt waren, zu prügeln. Dass Gewalt immer nur das allerletzte Mittel sein darf "wusste" ich, verstanden hatte ich es aber nie. Wie bei allen anderen Trägern dieser Maske gab sie mir Sicherheit. Ich konnte mein verletzliches Inneres den aufdringlichen Blicken der anderen entziehen. Sie wussten nichts über mich. Darum fühlte ich mich stark. Dass sie mich in meinen Möglichkeiten zu kommunizieren stark einschränkte, bemerkte ich nicht einmal.

Die Maske des Schlägers verhindert empathische Kommunikation mit anderen. Es ist nicht möglich Mitgefühl oder Verständnis zu zeigen, geschweige denn Sensibilität oder gar Wärme. Sie ist der Ausdruck einer machiavellistischen Weltsicht. Ich wurde lieber gefürchtet als geliebt.

Wenn Du die Maske des Schlägers ablegst, gewinnst Du:

- Verletzbarkeit
- Liebe
- Ehrlichkeit
- Nahbarkeit
- Empathie
- Sichtbarkeit

Kennst du Maskenträger?

Bist <u>du</u> einer von Ihnen?

Was willst du durch
Gewalt verbergen?

Was fürchtest du,
würden andere dann sehen?

Maske der stoischen Ruhe

DIE MASKE DER STOISCHEN RUHE

Ein "harter Kerl" lässt sich durch so gut wie nichts aus seiner stoischen Ruhe bringen. Man sieht ihm in aller Regel keine Gefühlsregung an. Worte verwendet er sparsam, Einsilbigkeit ist nichts Seltenes in seiner Kommunikation.

Wer von ihm Empathie oder eine emotionale Reaktion erwartet, wird in aller Regel enttäuscht werden. Dinge, die andere aufregen oder belasten, kommentiert er mitunter mit markigen Sprüchen oder Durchhalteparolen. Manchmal könnte man meinen, es mit einem Charakter des Action-Kinos zu tun zu haben. Manche Träger dieser Maske sind harte Kerle, die sich nicht davor scheuen, sich einer Herausforderung zu stellen. Die Maske der stoischen Ruhe schirmt den Träger von allen Emotionen ab. Egal ob es die eigenen Gefühle oder die der anderen sind. Er kann mit emotionalen Reaktionen nichts anfangen. Sie lösen bei ihm Unbehagen oder Ablehnung aus.

Dies wird aber zumeist nicht nach außen sichtbar. Er erscheint meist ruhig und gelassen. Das ist mitunter gut, denn er nimmt die Spannung aus manchen aufgeheizten Situationen. Dabei will er sich nur von den anderen Menschen distanzieren. Zu viel Nähe macht ihn verletzbar, das hat er früh gelernt. Er will nicht, dass andere seine Unvollkommenheit sehen können, denn dies macht ihn angreifbar.

Seine Unsicherheit ist tief verwurzelt. Darum ist der Träger dieser Maske häufig – oberflächlich betrachtet – sehr strukturiert und gut organisiert. Er hat eine Vorliebe für bürokratische Regelwerke.

Dies spiegelt sich in seinen Beziehungen wider. Chaos und Unordnung sind ihm ein Graus, Leistung ist der Gradmesser für Qualität. Als Vater wird er daher von seinen Kindern Disziplin und Zielstrebigkeit fordern. Dabei sind ihm die emotionalen Bedürfnisse seiner Kinder egal.

Seine Ansprüche können so gut wie nie erfüllt werden. Von ihm Lob oder Anerkennung zu erhalten ist fast ein Ding der Unmöglichkeit. Für ihn gilt der Satz "nicht angeschissen ist schon Lob genug". Im Zweifel wird er immer auf die (vermeintlichen) Unzulänglichkeiten hinweisen, statt Leistung anzuerkennen. Dass er andere dadurch emotional traumatisiert, bemerkt er nicht. Richtiger ist, dass er es nicht bemerken will. Andernfalls müsste er sich auf das Spielfeld begeben. Das will er unbedingt vermeiden. Er will unter keinen Umständen rauf auf das Spielfeld der Gefühle. Er hat früh gelernt, dass es für ihn dort nichts zu gewinnen gibt. Diese Weltsicht hat er nie infrage gestellt. Er weiß nicht, dass ihm dadurch ein großer Teil seiner Menschlichkeit fehlt.

Vielfach glaubt er selbst, gar keine Emotionen zu haben oder zu spüren. Er hat den Prozess der Unterdrückung seiner Gefühle so weit vorangetrieben, dass er sich nicht einmal mehr erlaubt sie auch nur ansatzweise wahrzunehmen.

Darin liegt die große Gefahr. Wie wir schon gesehen haben, lösen Emotionen sich nicht einfach auf. Werden sie nicht aktiv verarbeitet, dann stauen sie sich und verwandeln sich in schwärendes Gift.

Auf Dauer vergiften sie den Geist und das Herz. So entstehen Amokläufer und Misanthropen. Wenn ein Mann zu Dir sagt "mich macht nichts wütend", dann sei auf der Hut! Ein Mann, der so redet, wird irgendwann die Kontrolle verlieren und sich in ein Instrument der Zerstörung verwandeln. Zum Glück äußert sich diese Zerstörung nur selten in physischer Gewalt. Die emotionale Zerstörung, die er anrichtet, ist oft allerdings nicht weniger schrecklich.

Spätestens wenn es so weit gekommen ist, werden die Konsequenzen sichtbar. Sein Umfeld, sei es seine Familie oder seine Arbeitskollegen, kann ihn einfach nicht mehr ertragen. Alle Versuche zu ihm eine echte Verbindung aufzubauen scheitern. Das zehrt Menschen, die ihn lieben auf Dauer aus und lässt die Liebe immer weiter verblassen. Die häufig daraus resultierende Einsamkeit ist für den Träger dieser Maske nur eine Bestätigung für seine Entscheidung, keine Gefühle zuzulassen.

Nicht wenige Träger dieser Maske resignieren und ziehen sich im Laufe ihres Lebens immer mehr in sich selbst zurück. Sie nehmen in der Familie nicht mehr aktiv am Leben der anderen Teil, sondern lassen alles mit stoischer Ruhe über sich ergehen.

Sie werden von ihren Frauen mehr wie ein Möbelstück behandelt, das möglichst nicht im Weg sein soll. Ein aktiver Beziehungspartner ist dieser Mann schon lange nicht mehr. Kein Wunder, wenn es keine emotional authentische Kommunikation gibt.

Ich habe in meiner Laufbahn in der Medizin viele solcher Männer kennengelernt. Verbittert vom Leben, enttäuscht und willentlich einsam. Selbst in der Anwesenheit ihrer Familien.

Starb so ein Mann im Krankenhaus, dann war die Reaktion der Ehefrau in aller Regel nicht Trauer, sondern Erleichterung. Diese Maske führt in besonderem Maße in die Isolation. Vielleicht ist sie die Maske, die ihren Träger am meisten schädigt.

Wenn Du die Maske stoischer Ruhe ablegst, gewinnst Du:

- Authentizität
- Kommunikation
- Verbundenheit
- Sichtbarkeit
- Nahbarkeit
- Liebe

Kennst du Maskenträger?

Bist <u>du</u> einer von Ihnen?

Was stirbt in dir?

Welche Emotion
ängstigt dich so sehr?

MASKE
DES
FRAUENVERSTEHERS

DIE MASKE DES FRAUENVERSTEHERS

Wer zu feige ist, sich mit jemand anders auseinanderzusetzen, der heuchelt einfach Verständnis. Diese Taktik wird seit Jahrtausenden erfolgreich angewendet. Egal ob in der Politik, im Krieg oder in zwischenmenschlichen Beziehungen. Getreu dem Motto "Wenn Du Deinen Feind nicht besiegen kannst, dann werde sein Freund". Auf diese Weise ist es möglich eine Allianz zu schmieden, anstatt abgewiesen zu werden.

Der Frauenversteher benutzt diese Taktik, da er sich Frauen unterlegen fühlt. Oft hat er Angst vor Frauen. Daraus resultiert häufig Verachtung. Um nicht zu zeigen, tut er so, als würde er Frauen verstehen. Denn obwohl er für Frauen nur Geringschätzung übrighat, will er doch genau das, was alle Männer wollen: Sex.

Weil er so viel Verständnis hat, einfühlsam und ein guter Zuhörer ist, fallen viele Frauen auf ihn herein. Er ist für sie fast so gut wie ein "GBF", der Gay Best Friend. Frauen halten den Frauenversteher für ungefährlich. Dabei ist ein sexueller Jäger mit einer perfiden Strategie. Er versteht Frauen nicht wirklich. Für einen Mann ist das nicht möglich. Aber er hat verstanden, wie sie ticken. Er kennt ihre Muster und ihre psychologischen Trigger. Dadurch kann er sich einschleichen und Momente der Schwäche geschickt für sich ausnutzen. Die "Friendzone" ist für ihn kein Schrecken, sondern sein Biotop. Dort liegt er wie eine Trichterspinne auf der Lauer, bis der richtige Moment gekommen ist, um zuzuschlagen.

Es geht ihm jedoch nicht ausschließlich um Sex. Ihm geht es um die Bewunderung der Frauen. Er nutzt diese, um sich über andere Männer zu erheben. Er ist niemals auch nur annähernd ein Alpha-Männchen. Er nutzt diese Strategie um sich vor anderen Männern zu schützen. Besser und treffender, um sich schützen zu lassen. Er lässt diese Arbeit von seinen Fürsprecherinnen erledigen.

Bei genauer Betrachtung ist er nichts weiter als ein kleiner Junge, der von seiner Mama beschützt werden möchte. Er versucht durch seine geheuchelte Art die übermächtige Mutter, die er gleichzeitig fürchtet und verehrt, wieder aufleben zu lassen. Darum unterwirft er sich Frauen, um auf diese Weise in den Schoß der Mutter zurückzukehren. Den Schoß, den er nie verlassen wollte.

Der Träger dieser Maske ist nicht in der Lage eine echte Beziehung mit einer Frau zu führen. Er macht es sich selbst unmöglich authentisch er selbst zu sein. Schließlich gehören dazu auch jene Persönlichkeitsanteile, die mit der Maske des Frauenverstehers nicht zusammenpassen. Somit ist eine ehrliche Kommunikation mit seiner Partnerin nicht möglich. Kollisionen oder Konfrontationen sind von vornherein ausgeschlossen.

Dies führt dazu, dass wichtige Themen und Probleme nicht wirklich besprochen und gelöst werden können. Die Unfähigkeit zum Konflikt macht den Maskenträger immer wütender. Emotionen lösen sich, wie bereits erwähnt, eben nicht in Luft auf. Seiner Wut kann er jedoch ebenfalls nicht direkt Ausdruck verleihen. Ein Teufelskreis. Daher wird er passiv-aggressiv agieren. Seine herablassende Art seiner Partnerin gegenüber ist sein Ventil.

Er wird mit Vorliebe darauf hinweisen, wenn sie einen Fehler gemacht hat oder wenn ihre Schilderung nicht seiner Sichtweise entspricht. Er wird auch nicht davor zurückschrecken, sie vor anderen bloßzustellen.

Dies steht im Widerspruch zu seiner Rolle als Frauenversteher. Er selbst sieht das nicht. Seine Rechtfertigung sind die (vermeintlichen) Fakten, die ihm als Grundlage für seine dauernde Kritik dienen. Er will doch nur das Beste für seine Partnerin. Daher versucht er sie nach seinem Bild zu formen. Er projiziert seine sklavenhafte Unterwürfigkeit unter den Schoß der allmächtigen Mutter auf Frauen und versucht nun seinerseits, sie zu unterjochen. Sein "Verständnis" als Frauenversteher entspricht eher der herablassenden Art, die Erwachsenen gerne Kindern entgegenbringen.

Diese Art von Männern isoliert sich durch diese Maske selbst von Frauen und insbesondere der Weiblichkeit und beraubt sich jeder Möglichkeit einer liebevollen, authentischen Beziehung mit vertrauensvoller Verbundenheit. Erst wenn er die Maske fallenlässt und zeigt, wer er wirklich ist, eröffnet sich ihm die Möglichkeit wirklich zu lieben.

Wenn Du die Maske des Frauenverstehers ablegst, gewinnst Du:

- Nahbarkeit
- Selbstliebe
- Erleichterung
- Ehrlichkeit
- Freiheit
- Stärke

Kennst du Maskenträger?

Bist du einer von Ihnen?

Passiv-aggressiv,
hat das eine Bedeutung für dich?

Welches Bild von
Weiblichkeit hast du?

Maske
des
Mitläufers

DIE MASKE DES MITLÄUFERS

Menschen sind Gemeinschaftswesen. Teil einer Gemeinschaft zu sein ist für uns alle von vitaler Bedeutung – im wörtlichen Sinne. Es gibt in der medizinischen Wissenschaft immer größeres Interesse an dieser Thematik.

Untersuchungen zeigen, dass sozialer Kontakt und die Einbindung in eine soziale Gemeinschaft direkten Einfluss auf unsere Gesundheit und unsere Lebenserwartung haben. Dabei ist es von entscheidender Bedeutung, dass innerhalb dieser Gemeinschaft tiefe, vertrauensvolle und authentische Verbindungen zwischen den Individuen bestehen. Dies ist das "Geheimnis" hinter den sogenannten "Blue Zones". Das sind die Gebiete, in denen es weit überdurchschnittlich viele Hundertjährige gibt. Die Verbundenheit zwischen den Mitgliedern dieser Sozialgemeinschaften ist sehr tief. Sie kennen sich meist wortwörtlich von der Wiege bis zur Bahre.

Die Angst aus der Gemeinschaft ausgeschlossen zu werden, ist eine der wenigen tatsächlich angeborenen Ängste. Eine echte Urangst. Somit ist verständlich, dass Menschen nur allzu bereit sind sich selbst der Gemeinschaft anzupassen, nur um nicht aus ihr ausgeschlossen zu werden. Dies ist die Grundlage für den Satz "Du wirst wie der Querschnitt aus den fünf Menschen, mit denen Du am meisten Zeit verbringst".

Ob fünf nun eine präzise Zahl diesbezüglich ist, sei einmal dahingestellt. Aber alle Menschen repräsentieren zu 90% ihre direkte Umgebung – also die Menschen, mit denen sie am meisten Kontakt haben.

Um ein freies, selbstbestimmtes Leben zu führen, braucht es also Mut. Im Angesicht der Angst standhaft zu sein und in die Angst hineinzugehen – das ist Mut. Ohne Angst existiert Mut nicht. Sich der Urangst zu stellen, aus der Gemeinschaft ausgeschlossen zu werden, erfordert täglich Mut. Sich anzupassen, auch wenn es dem eigenen Lebensentwurf widerspricht, ist hingegen der leichte Weg. Es ist eine Tatsache, dass sich 99% der Menschen für diesen Weg entscheiden.

Sie unterwerfen sich lieber als ihre Stimme zu erheben. Sie senken ihr Haupt, wechseln in die Opferrolle und beklagen sich fortwährend darüber, dass ihr Leben nicht so ist wie sie es sich wünschen. Kein Wunder, dass Menschen lieber ihr Geld für Lotterielose zum Fenster hinauswerfen, anstatt es in ihre Weiterbildung oder die Gründung ihres eigenen Business zu stecken.

Männer haben den Wunsch in sich, bedeutsam zu sein. Um dies allerdings zu erreichen, sind viel Mut, Disziplin und harte Arbeit erforderlich. Nur die allerwenigsten Männer sind bereit, all dies zu investieren, um etwas von Bedeutung zu erschaffen. Warum sollten sie auch? Es gibt doch die einfache Möglichkeit. Sich an jemanden oder etwas von Bedeutung dranzuhängen, um etwas von diesem Glanz abzubekommen.

Dabei kann es sich um eine Person, eine Institution oder ein Wertesystem handeln. Teil einer "besonderen" Gemeinschaft zu sein erzeugt in vielen Männern die wahnhafte Illusion von Bedeutsamkeit und Status.

Ein typisches Beispiel dafür sind Fußballfans. Sie glorifizieren "ihren" Verein und einzelne Spieler. Sie sind ekstatisch, wenn "ihr" Verein gewinnt. Gebrochen, wenn er verliert. Sie tragen die Farben und Symbole wie Mitglieder eines Stammes. Sie ziehen gegen die anderen "Stämme" in den Krieg. Bis hin zu schweren körperlichen Auseinandersetzungen. Ist jemand nicht Angehöriger ihres Stammes, dann gibt ihnen dies die Berechtigung ihn zu beleidigen und zu verhöhnen.

Der typische Mitläufer führt ein bedeutungsloses Leben. Er hat weder Status, Macht, Geld oder Einfluss. All dies wird durch die Zugehörigkeit zu seinem Stamm ersetzt. In der Masse fühlt er sich stark – allein ist er nur ein armseliges Würstchen.

Ein Mitläufer zu sein ist das Viagra für seine allumfassende Impotenz. Gehorsam und anhänglich, wie ein kastrierter Hund folgt er seinem Herrn und erfüllt dessen Willen, ohne ihn zu hinterfragen. Dass der Träger dieser Maske seine gesamte Power und die Kontrolle über sein Leben vollständig an seinen Herrn abgibt, ist ihm nicht klar. In der Masse fühlt er sich so stark, dass er davon überzeugt ist selbst stark zu sein. Dabei baumelt er nur am Schwanz seines Herrn als selbst eierloser Parasit.

Gleichzeitig macht er sich zum Objekt der Ausbeutung. Denn mit seiner "Loyalität" – die nichts weiter als Abhängigkeit ist – lässt sich ausgezeichnet Geld verdienen.

Egal ob Bücher, Mitgliedschaften oder Fanartikel, der Mitläufer wird nicht zögern dafür Geld, welches er zumeist gar nicht hat, auszugeben.

Dies haben die großen Kirchen bereits vor tausenden von Jahren verstanden. Mit der Mär vom allmächtigen Gott, den man um Hilfe bitten kann und der Legende vom Himmelreich haben sie gigantische Vermögen akkumuliert. Unfassbare Gewalt, große Kriege und unbeschreibliche Grausamkeiten wurden und werden im Namen von Religionen verübt. Gleiches gilt für politische Systeme und Ideologien. Egal ob Nationalsozialismus, Kommunismus oder andere, jegliche politische Ideologie hat bisher nur zu Tod und Vernichtung im großen Maßstab geführt.

All das macht der Mitläufer möglich. Weil er sich selbst nicht dem Leben stellt und nicht seine eigene Größe entdecken will, folgt er lieber gehorsam.

Alle Massenbewegungen der Geschichte folgen der gleichen Dynamik. Sie sind nur durch Mitläufer möglich gewesen. Ausnahmslos.

Wenn Du die Maske des Mitläufers trägst, dann entledigst Du Dich Deiner eigenen Persönlichkeit.

Du verzichtest auf Deine Freiheit und Du negierst Deine Fähigkeit, selbst kritisch zu denken.

Diese Maske ist sicherlich die destruktivste und niederträchtigste von allen. Gleichzeitig ist sie diejenige, die am häufigsten getragen wird.

Wenn Du die Maske des Mitläufers ablegst, gewinnst Du:

- Selbstständigkeit
- Freiheit
- Kontrolle
- Aufrichtigkeit
- Mut
- Stärke
- Vorbildfunktion

Kennst du Maskenträger?

Bist du einer von Ihnen?

Wem oder was folgst du?

Warum hast du dich
dafür entschieden?

Egal welche Maske
Du trägst –
keine von ihnen
dient Dir.

Jede einzelne
trennt Dich
von dem Mann,
der Du wirklich bist.

Du musst verstehen, dass wir die Maske nicht nur für andere tragen, sondern in erster Linie für uns selbst. Trägt ein Mann eine Maske lange genug, dann wird er sie für sein reales "Ich" halten. Er weiß nicht, wer er ohne Maske sein würde. Daher verteidigt er sie mit allen Mitteln. Jedem Versuch, ihm die Maske vom Gesicht zu reißen, wird er vehement Widerstand leisten. Er würde sein Gesicht verlieren. Alles was ihn ausmacht liegt in der Bedeutung, die ihm die Maske verleiht.

Es beginnt sehr schnell nach dem ersten Aufsetzen der Maske ein Teufelskreis. Sie verleiht ihrem Träger ein Gefühl von Wertigkeit. Darauf will er nicht mehr verzichten. Um das künstlich erzeugte Bild nicht zu gefährden, muss er sich den Gesetzen der Maske unterwerfen. Egal ob lügen, betrügen oder vortäuschen falscher Tatsachen, er wird alles tun, was die Maske von ihm verlangt, nur um sie nicht aufgeben zu müssen.

"Aber was soll ich ohne meine Maske tun?"
Ist das die große Frage die du dir jetzt in diesem Moment stellst?

Das ist nicht schwer.
Sei Du selbst.

Befreie Dich von all diesen Zwängen und Erwartungen, die an Deine Maske geknüpft sind, indem Du nur noch eine Person bist: DU.

"Wie soll ich herausfinden wer ich bin? Ich trage die Maske schon so lange!" Dies mag Deine nächste Frage sein.

Im nächsten Kapitel werde ich Dir darauf eine Antwort geben. Ich werde Dir erklären, was es bedeutet ein Mann zu sein – und wie Du einer werden kannst.

Der Kodex der Männlichkeit

DIE DEFINITION VON MÄNNLICHKEIT

"Männlichkeit" ist ein Begriff, für den es "offiziell" gar keine Definition gibt. Es gibt viele Meinungen darüber, was Männlichkeit ist und was einen "richtigen" Mann ausmacht. Wenn Du "Männlichkeit" googelst, dann findest Du viele Versuche einer Beschreibung. Die meisten sind unklar, wachsweich, andere sind drakonisch eindimensional. Manches davon ist sicherlich zutreffend, vieles nicht.

Die unscharfen Beschreibungsversuche verzetteln sich mitunter in tiefenpsycholgischen und gefühlsbetonten Ansätzen. Sie vermeiden es, die ultimativ wichtigen Bestandteile von Männlichkeit überhaupt zu erwähnen. Bei den "scharf abgegrenzten“ Beschreibungen von Männlichkeit handelt sich bei genauer Betrachtung in aller Regel um die Beschreibung einer spezifischen Maske der Männlichkeit – nicht von Männlichkeit an sich. Dies dient selbstverständlich den persönlichen Interessen derer, auf die diese Definition passt. Wer gibt schon gerne zu, dass er keine Ahnung davon hat, was "Männlichkeit" eigentlich bedeutet – und auch gar keine Lust es herauszufinden. Egal, ob es die Heulsuse im "Männerzirkel" auf der Suche nach dem Zugang zu den eigenen Emotionen ist, oder der knallharte "Alpha" – es sind fast ausschließlich Stereotype, die für den Begriff "Männlichkeit" herhalten müssen.

DER EWIGE WETTSTREIT

Stärke, Macht, Potenz, Status und Dominanz spielen regelhaft für Männer die größte Rolle, wenn es um die Definition ihrer Männlichkeit geht.

Da jeder Mann immer im Wettstreit mit allen anderen Männern liegt, muss er diese Attribute der Männlichkeit nach außen kommunizieren. Es werden dazu verschiedene Mittel und Verhaltensweisen eingesetzt, um dies zu demonstrieren. Mit Geld oder Muskeln sowie der eigenen Potenz zu protzen ist eine sehr offensichtliche Art und Weise dies zu tun. Immer mehr Männer wählen aber den passiv-aggressiven Weg, um sich trotz Mangel an Stärke oder Status über die anderen zu erheben. So nutzt beispielsweise der schwächlich-hypersensible Mann seinen plakativ offenen Umgang mit seinen Emotionen als Machtmittel. Wohl wissend, dass die meisten Frauen auf diese Masche hereinfallen. So kann er die eher brachialen Mitbewerber ausstechen.

Unter diesem Aspekt ist es wichtig zu verstehen, dass der Zugang zur Reproduktion der stärkste biologische Treiber für Männer ist. Alles was wir tun, dient immer diesem einen Ziel. Das Ziel ist unser genetisches Material weiterzugeben. Aus diesem Grund erobern Männer, erschaffen Imperien und häufen materiellen Besitz an. All dies geschieht, um die Weibchen der Spezies zu beeindrucken und letztendlich Sex zu haben. Männer befinden sich immer in einem Wettkampf, in dem es immer nur um zwei Dinge geht: Geld und Frauen.

KEINE DEFINITION – KEINE IDENTITÄT

Es ist für Männer und Frauen von entscheidender Bedeutung, sich mit ihrer geschlechtsspezifischen Rolle zu identifizieren. Beide Geschlechter brauchen eine Definition von "Mann" und "Frau". Diese Definition darf kein starres Konstrukt sein. Vielmehr brauchen wir einen flexiblen Rahmen, einen "Frame", in dem sich jeder seine persönliche Identifikation mit der eigenen Geschlechterrolle erarbeiten muss. Dümmliche Stereotype machen diesbezüglich keinen Sinn. Wir alle, Männer wie Frauen, leiden erheblich unter diesen.

Andererseits brauchen Menschen immer eine Struktur, an der sie sich orientieren können. Wir verlieren uns sonst nur allzu schnell in endlosen Beliebigkeiten.

Eine typische Reaktion auf den Versuch Männlichkeit zu definieren ist der Satz "Wer sagt denn, wie ein Mann sein muss?". Du wirst ihn sowohl von Männern als auch von Frauen hören. Ja, ein durchaus berechtigter Einwand. Allerdings wird er niemals von einem Mann vorgebracht, der für sich selbst eine klare Definition seiner Männlichkeit hat. Dieser Satz ist die Standard-Schutzbehauptung von Männern, die nicht wissen wer sie sind.

Es gibt einen großen Unterschied zwischen einem echten Mann und den meisten Männern in unserer Gesellschaft. Ein echter Mann hat ein klares Bild davon, wer er sein will. Er hat ein Wertesystem, dass nicht nur aus leeren Worten besteht, sondern aus gelebten und unverhandelbaren Werten.

Ich selbst habe für mich klar definiert, was für ein Mann ich sein will. Ich lebe nach diesem eine Kodex. Ich habe mich aktiv selbst erschaffen. Ich arbeite genauso aktiv ständig auf die nächste, bessere Version von mir hin. Denn das ist es, was ein Mann tut.

All dies trifft für kaum einen Mann in unserem Land zu. So gut wie niemand hat für sich selbst definiert, wer er wirklich sein will.

Die meisten Männer sind irgendwie und irgendwas.

Ein zufälliges Ergebnis ihrer erlernten und gelebten Perspektivlosigkeit. Um sich nicht aktiv verändern zu müssen, berufen sie sich auf ihr Recht zur freien Selbstbestimmung. Ihren gegenwärtigen Zustand haben sie zugelassen und nicht aktiv ausgewählt. Sie geben sich einfach mit dem Status quo zufrieden und behaupten, das wäre Absicht.

"Ich bin wie ich bin" – das ist nur eine andere Formulierung für "ich habe aufgegeben".

Das ist der Weg der Feiglinge.
Es ist der unmännliche Weg.

DIE KONSEQUENZEN TRAGEN ANDERE

Wenn Du auf die vorgenannte Weise argumentierst, dann überträgst Du die Verantwortung für Dein Versagen als Mann auf andere Menschen. Die Konsequenzen für Deine Unselbstständigkeit und Deine Disziplinlosigkeit müssen andere Menschen tragen. Jede Deiner Lügen verändert die Realität und damit das Leben von jemand anderem. Die größte Last für den Mangel an Männlichkeit tragen immer unsere Familien.

Deine Frau und Deine Kinder müssen Deine Lügen, Deine Unzuverlässigkeit und Deine Launen ertragen. Sie müssen Rücksicht darauf nehmen, dass Du nicht belastbar bist, körperlich wie mental. Sie müssen Rücksicht auf Dich nehmen, Dein ständiges Gejammer anhören und mit der Enttäuschung über all Deine leeren Versprechungen zurechtkommen. Sie müssen sich mit dem mittelmäßigen Leben zufriedengeben, dass Du für sie erschaffen hast.

Die Menschen, mit denen Du zusammenarbeitest, müssen die Konsequenzen für die schlechte Qualität Deiner Arbeit, für Deinen Mangel an Fokus und Sorgfalt übernehmen. In unserer "geht schon"-Gesellschaft ist schlecht abliefern der Standard. Das ärgert immer die, die nun die Konsequenzen dafür tragen müssen. Obwohl sie selbst ständig Gleiches für andere verursachen. So wird die Verantwortung fröhlich im Kreis herumgereicht.

Auf diese Weise kann sich nichts zum Positiven verändern. Es fühlt sich niemand jemals tatsächlich verantwortlich. Also ändert sich nichts. Es wird schlimmer.

Weil Du nicht die Verantwortung für Deinen Körper und Deine Gesundheit übernimmst, wirst Du krank werden. Vielleicht bist Du es bereits. Im Laufe der Zeit wirst Du immer mehr medizinische Behandlung brauchen. Ärzte und Pflegepersonal müssen sich um Dich kümmern. Sie müssen Deine fortwährenden Klagen über Deine vielen Gesundheitsprobleme ertragen. Je weniger Du für Dich selbst tust, um so mehr müssen sie diese Aufgabe übernehmen. Wer schon einmal fette Patienten pflegerisch versorgt hat weiß, dass dies erheblich mehr Aufwand und körperliche Anstrengung erfordert. Nicht ohne Grund sind Bandscheibenschäden eine Berufskrankheit in den Pflegeberufen. In unserer Gesellschaft gilt es als normal da System auszunutzen – immerhin haben wir doch eine Solidargemeinschaft. Solidarität bedeutet allerdings in Wahrheit, dass jeder zuerst die volle Verantwortung für sich selbst übernimmt, bevor er andere um Hilfe bittet.

Der moderne Mann tut das Gegenteil. Er handelt fortwährend verantwortungslos und zum eigenen Vorteil. Die negativen Konsequenzen dieses Handelns sollen bitte andere übernehmen.

Ein Mann, der sich so verhält, ist eine Belastung. Er nimmt nur und bringt keine Erträge. Er ist ein Energievampir. Er ist toxisch für alle Menschen, die mit ihm in Kontakt kommen.

Ein echter Mann ist Gegensatz dazu ein Aktivposten. Er bringt kontinuierlich mehr als er nimmt.

In seiner Gegenwart können Menschen aufblühen und werden inspiriert ihrerseits die beste Version von sich selbst zu werden. All das ist nur für den Mann möglich, der keine Maske mehr trägt.

OHNE INDIVIDUALITÄT BIST DU EIN SKLAVE

Hier beginnt die ganze Größe des Dilemmas klare Formen anzunehmen und die Folgen werden offensichtlich. In einer Gesellschaft, in der 99% der Männer eine Maske tragen ist es völlig kontraintuitiv anders sein zu wollen.

Anders zu sein bedeutet allein zu sein. Zumindest ist dies die Überzeugung der meisten Männer. Wie könnte es auch anders sein? Haben Männer dies doch alle von klein auf gelernt.

Wenn ich mich umsehe, dann fühle ich mich immer wieder an ein US-amerikanisches Gefängnis erinnert. Dort muss sich ein Mann einer Gemeinschaft, einer Gang, anschließen. Sie bietet ihm Schutz und verleiht ihm Status. Allein wäre er Freiwild. Ohne Unterstützung und ohne Rückhalt. Dieses Risiko besteht in unserer Gesellschaft nicht. Trotzdem erschreckt allein der Gedanke nicht mehr zu einer Gang zu gehören die meisten Männer bis ins Mark. Darum zahlen sie lieber den Preis dafür. Der Preis ist hoch. Sie bezahlen mit dem vollständigen Verzicht auf eine eigene Identität.

Sich von seiner Gang loszusagen, erfordert Mut. Die Furcht vor dem Alleinsein ist sehr mächtig. Aber sie ist unbegründet. Wenn Du die Welt der Masken verlässt, dann trittst Du in eine neue Welt ein. Die Welt der Männer. Dort warten neue Weggefährten, Freunde und Verbündete auf deine Entscheidung.

Sie werden nicht danach streben, dir ständig Knüppel zwischen die Beine zu werfen damit du nicht davonlaufen kannst wie Deine alten Kumpane.

Sei darauf gefasst, dass sie Dich fordern und fördern wollen und werden. Sie werden Dir nicht ins Gesicht lügen, nur damit Du zufrieden bist. Sie werden Dein Mittelmaß nicht akzeptieren.

Sie werden Dich herausfordern. Herausfordern mehr zu tun und zu sein als ein Niemand.

Allein wirst Du nur sein, wenn Du das willst. Du wirst allein sein wollen, weil dir nun klar ist wer du bist und was du willst.

Du hast den Mut aus dir heraus etwas zu bewegen.

Da ist es wieder. Mut. Eine der definierenden Eigenschaften eines Mannes. Ohne Mut gibt es keine Entwicklung. Ohne Mut gibt es keine Möglichkeit jemals Du selbst zu sein.

Das sollst Du aber nicht, wenn es nach den anderen geht. Darum werden immer wieder sehr eindimensionale Vorstellungen von Männlichkeit als Idealbild kolportiert. Von Verfechtern einer bestimmten Maske.

Es gibt weltweit immer mehr Männer, die sich erheben und versuchen ein neues Bild von Männlichkeit zu zeichnen. Nicht wenigen von ihnen sind leider ihre tiefen Verletzungen anzumerken. So findet sich vielfach auch bei ihnen eine schwache Sicht auf das Thema Männlichkeit. Chauvinismus, Machotum und mehr oder weniger unverhohlene Frauenfeindlichkeit durchdringen ihre Sichtweisen. Ich interpretiere das als Ausdruck der weiterhin bestehenden Ziellosigkeit von Männern. Der von außen erzeugte Erwartungsdruck deformiert das Männerbild nur allzu leicht. Die meisten Versuche einer Definition von Männlichkeit sind in meinen Augen zu komplex und zu wenig losgelöst von den Erwartungen anderer.

Es ist offensichtlich, dass die "gängigen" Definitionen nicht mehr weiter Bestand haben können. Geld und Macht als Ausdruck von Männlichkeit haben ausgedient.

Unter den Mächtigen wirst Du nur sehr selten echte Männlichkeit finden. Sie tragen lieber Masken, die ihnen geben, was sie am meisten Begehren. Fast alle von ihnen haben sprichwörtlich ihre Seele verkauft. Dass sie die sind, die unsere Gesellschaft dominieren ist ein überaus gefährlicher Zustand, den wir nicht mehr länger akzeptieren müssen. Den wir nicht mehr länger akzeptieren dürfen!

Es ist jetzt schon ein enorm hoher Preis für all die Lügen zu bezahlen. Wie hoch er ist, wird erst dann offenbar werden, wenn die Lügen enden und die Wahrheit ans Licht kommt. In ihrer ganzen brutalen Klarheit. Es wird Jahrzehnte dauern, diese Schäden zu beheben. Im Vergleich dazu wird uns die Wiedervereinigung Deutschlands wie eine Kleinigkeit vorkommen.

Wer definiert also was männlich ist? Das tun in unserer Gesellschaft aktuell jene, die keine Männlichkeit besitzen. Dies ist ein fataler und unerträglicher Zustand.

Er deformiert Männer ab frühester Kindheit, Generation auf Generation. Das Ergebnis ist mehr als besorgniserregend. Heute leben in diesem Land fast ausschließlich große Jungen, die sich weigern erwachsen zu werden.

Ich will es einmal anders formulieren:
Der schwächliche große Junge ist die derzeitige Definition von Männlichkeit.

Schwächliche Man-Boys beklagen sich, wenn dieses Thema auch nur erwähnt wird. Sie haben kein Verständnis dafür, was es bedeutet ein Mann zu sein. Unterstützung bekommen sie aus dem Lager der Frauen, die es sehr schätzen, wenn ein Mann leicht zu steuern und zu beherrschen ist. Nicht wenige von ihnen haben großes Interesse daran, dass Männer kleine verweichlichte Jungen bleiben. Gerade junge Frauen stoßen, durchaus auch unter dem Zwang der Political-Correctness-Kultur in das "wer sagt denn, wie ein Mann sein muss"-Horn. Dass sie schnell von unmännlichen Männern gelangweilt sind und sich nach echter Maskulinität sehnen, werden nur die wenigsten Frauen zugeben.

Ihnen ist heute schlicht nicht klar, dass es sich so verhält. Sie haben noch nie einen echten Mann getroffen, der sich authentisch und ehrlich zeigt. In seiner Kraft und gleichzeitig verletzlich und mutig. Meist kennen sie den Vater und Ihr direktes Umfeld als Maskenträger der ein oder anderen Art. Hinzu kommt, dass dies bedeuten würde, sich über die eigene Rolle als Frau tiefere Gedanken machen zu müssen.

Viele Frauen haben es sich dazu mit Ihrer beliebig steuerbaren Marionette zu Hause bequem eingerichtet. Die Angst vor Veränderung (auch zum positiven) ist nicht den Männern vorbehalten.

Leonard Cohen hat es in einem seiner Songs sehr treffend formuliert: "A husband leads – a wife commands". Frauen erniedrigen sich selbst mit den verweichlichten Lappen, die sie leicht kontrollieren können. Dabei sehnen sie sich nach echter Maskulinität und der Stärke, in deren Licht sie selbst sich zu voller Blüte entfalten können.

DIE RÜCKKEHR DER MÄNNLICHKEIT

Das Männliche und das Weibliche können ohneeinander nicht existieren. Sie bedingen einander und bringen sich gegenseitig zu ihrer wahren Größe. Geht das Männliche unter, wird bald das Weibliche folgen.

Ohne den Schutz des Männlichen kann das Weibliche nicht existieren. Ohne das Nährende des Weiblichen kann das Männliche nicht existieren. Was gerade stattfindet, ist der Kampf des Weiblichen gegen das mittlerweile zutiefst geschwächte und pervertierte Männliche. Die toxischen Feministinnen realisieren nicht, dass sie dabei helfen, unsere Gesellschaft in den Abgrund zu reißen und sich damit selbst zu zerstören.

Ohne die Wiedererschaffung der Männlichkeit in unserer Kultur werden wir scheitern. Der Zustand unserer Gesellschaft ist direkt auf den nahezu totalen Mangel an Männlichkeit zurückzuführen. Die Entwicklung, die wir in Deutschland (und auch anderen Ländern) beobachten können ist nichts Einzigartiges.

Durch die Jahrhunderte ist immer der gleiche Zyklus zu beobachten:

Hard times create strong men
Harte Zeiten erschaffen starke Männer

-

Strong men create good times
Starke Männer erschaffen gute Zeiten

-

Good times create weak men
Gute Zeiten erschaffen schwache Männer

-

Weak men create hard times
Schwache Männer erschaffen harte Zeiten

Wir befinden uns am Ende des Zyklus. Um die Zerstörung unserer Gesellschaft zu verhindern, brauchen wir Männer. Starke Männer. Gute Männer. Es ist unsere Aufgabe als Männer voranzugehen, um wieder Ordnung in das Chaos zu bringen, dass uns alle erfasst hat.

Dazu brauchen wir unter allen Umständen eine neue, belastbare und sinnstiftende Definition von Männlichkeit. Was wir hingegen nicht brauchen, ist eine weitere Schablone, in die wir Männer uns quetschen sollen.

Was ich Dir vermitteln möchte, ist ein moralischer Frame, der in direkten Kontakt mit der tief empfundenen spirituellen Seite von uns Männern in Kontakt treten kann. In dessen Kontext unsere biologische Ausstattung Sinn ergibt und Begriffe wie "Purpose" oder "Ikigai" plötzlich einen Sinn ergeben.

Dies ist von überaus großer Wichtigkeit, denn nur ein Mann, der seinen Sinn im Leben gefunden hat, kann seine volle Größe erleben. Und solche Männer brauchen wir – sehr viele von ihnen – damit wir eine neue, zukunftsfähige Gesellschaft erzeugen können.

<u>Damit wir uns richtig verstehen:
Du bist nicht "einfach so" ein Mann.</u>

Dass Du ein X-Chromosom hast, macht Dich nicht zum Mann.

Dass Du einen Penis und Hoden hast, macht Dich nicht zum Mann.

Dass Du Deinen Penis in eine Vagina einführen kannst, macht Dich nicht zum Mann.

Dass Du mit einer Frau ein Kind zeugen kannst, macht Dich nicht zum Mann.

Dass Du jemandem die Zähne ausschlagen kannst, macht Dich nicht zum Mann.

Dass Du Geld verdienen und Dinge kaufen kannst, macht Dich nicht zum Mann.

Den Titel "Mann" musst Du Dir verdienen. Und der Preis dafür ist hoch. Es gibt viel Arbeit zu tun, um ein Mann zu werden. Es ist eine tägliche Herausforderung, ein guter Mann zu sein.

<u>Männlichkeit ist ein Wertesystem.</u>

<u>Männlichkeit ist eine Verpflichtung.</u>

<u>Männlichkeit ist eine Auszeichnung.</u>

Um ein guter Mann zu sein, musst Du zuerst gut darin werden, ein Mann zu sein.

In unserer Gesellschaft wird das aber seit vielen Jahrzehnten ignoriert. Die angeblich negativen Anteile von Männlichkeit wie Aggression und Dominanz wurden dämonisiert und tabuisiert. Anstatt heranwachsenden Männern zu vermitteln, was es bedeutet ein Mann zu sein und sie zu lehren ihre dunklen Anteile zu kontrollieren, hat man das Gegenteil getan. Es wurde und wird versucht, "gute" Männer zu erzeugen. Ein guter Mann darf keine "negativen" Eigenschaften und Emotionen haben. Es soll sich anpassen und ein gutes Schaf werden. Er soll bedingungslos folgen und keine Stärke entwickeln. Er darf auf keinen Fall Aggression zeigen – das macht ihn automatisch gefährlich.

Um dies zu erreichen, werden männlichen Kindern seit Generationen von klein auf Schuldgefühle vermittelt.

DIE WAHRHEIT IST:
NUR EIN BÖSER MANN KANN EIN GUTER MANN SEIN

Der Versuch gute Männer heranwachsen zu lassen, indem sie von Kindesbeinen an gezwungen werden "gut" zu sein, erzeugt schwache Männer.

Ein schwacher Mann ist sehr gefährlich. Er ist unberechenbar. Er wird immer skrupellos alle Mittel einsetzen, die ihm zur Verfügung stehen. Eben weil er schwach ist. Sein Mangel an Stärke und Integrität lehrt ihn, dreckig zu kämpfen. Der Erfolg gibt ihm Recht, darum wird er keinen Grund sehen, damit aufzuhören. Sein persönlicher Profit rechtfertigt für ihn alle Mittel. Andere Menschen interessieren ihn nicht. Er kann seine dunklen Persönlichkeitsanteile nicht kontrollieren, deshalb wird er von ihnen konsumiert. Er verwandelt sich das amoralische Zerrbild eines Menschen.

Vor dieser Entwicklung kann Dich nur eines schützen:

Werde ein Monster – und lerne es zu kontrollieren.

Ein wirklich guter Mann zu sein ist nicht leicht. Jeden Tag mit Integrität und Disziplin aufzutauchen und sich nicht vom rechten Weg abbringen zu lassen braucht enorm viel Stärke und Willen.

<u>Diese Stärke liegt in Deiner Dunkelheit.</u>

Die Persönlichkeitsanteile eines Mannes, die von unserer Gesellschaft dämonisiert werden, sind seine bei weitem größte Energiequelle.

Diese Energie ist dunkel, roh und mächtig. Sie muss kontrolliert werden, da sie sonst alles verschlingt. Die natürliche männliche Aggressivität macht es uns so leicht, Verbrecher zu werden und auf die dunkle Seite der Gesellschaft zu wechseln. Ohne sich an irgendwelche Regeln zu halten einfach zu nehmen was er will und bereitwillig körperliche Gewalt einzusetzen, um es zu bekommen, macht den bösen Mann so mächtig.

Er lässt seiner dunklen Energie freien Lauf. Das macht ihn zu einem Wolf, der in die Herde der Schafe einbricht und Tod und Verwüstung hinterlässt. Er ist genauso wenig akzeptabel wie der Schakal, der schwache Mann, der mangels Power lügt und betrügt, um zu bekommen was er will. Beide sind Parasiten, die die Gemeinschaft schwächen und ihre Zerstörung bringen.

Der gute Mann, der Hirtenhund – der Sheepdog – unterscheidet sich vom Wolf nur in seinen Entscheidungen. Er hat sich aktiv dagegen entschieden ein Wolf zu sein. Er nutzt die gleiche Kraft, um zu beschützen und zu erschaffen.

Ein guter Mann zu sein ist eine Wahl. Jeder gute Mann, den Du kennst, ist ein böser Mann der sich anders entschieden hat. Dieses Potential bleibt für immer vorhanden. Sollte die Zeit kommen, in der drastische Mittel erforderlich werden, kann der gute Mann jederzeit – willentlich – zum Monster werden.

Dieses Risiko ist der Preis, den die Gesellschaft für gute Männer bezahlen muss. Er ist mehr als akzeptabel. Aber die Schwächlinge, die unser Land beherrschen, fürchten sich vor diesen Männern. Aus diesem Grund wird durch die vorherrschende Doktrin versucht bereits in der Wiege diese Entwicklung von Power zu verhindern.

Herodes ließ einst männliche Kinder in der Wiege töten, weil er verhindern wollte, dass der Messias kommt. Anstatt Mord benutzen die Mächtigen heutzutage das Schulsystem und die Verängstigung der Bevölkerung. Wir sollen jeden Ausdruck von Kraft und Stärke fürchten. Wir sollen alle machtlos sein, denn nur dann sind wir "sicher".

Unsere Gesellschaft ist so unsicher wie vielleicht noch nie zuvor. Da Gewaltmonopol liegt bei den Wölfen und den Schakalen. Die scheren sich um nichts und niemand. Die Sheepdogs werden absichtlich klein gehalten und eingesperrt. Es schaudert mich, wenn ich daran denke wie viele großartige Männer ihr Leben als Sklaven in irgendeinem beschissenen Job fristen. Ohne jemals zu erkennen, wer sie wirklich sind.

Was fehlt, ist eine Anleitung dafür, wie ein Mann gut darin werden kann, ein Mann zu sein. Wie er seine Männlichkeit entwickeln kann.

Aus diesem Grund habe ich diesen einen KODEX entwickelt.

In einfacher Form konzentriert er die wichtigsten Eigenschaften, die ein Mann für sich kultivieren und trainieren muss, um die Transformation zu einem guten Mann zu vollziehen.

In allen Kulturen, in denen echte Männlichkeit eine große Rolle gespielt hat, lebten die guten Männer nach einem Kodex.

Im Kern war dieser Kodex immer einfach. Wenige Regeln, die aber eine sehr starke Bedeutung hatten. Je komplexer und komplizierter ein Kodex wird, um so mehr wird er zu einem starren Korsett, dass irgendwann nur allzu leicht zu einem Dogma werden kann.

Je weniger sich das Individuum innerhalb des Kodex entfalten kann, um so weniger Wirkung wird er entfalten. Restriktionen sind niemals ein geeignetes Mittel, um Eigenverantwortung zu fördern – ganz im Gegenteil. Sicherlich sind sie nötig, zu viele führen jedoch schnell zu Kadavergehorsam in Kombination mit Widerstand.

Um dies zu verhindern ist dieser Kodex einfach und klar formuliert.

DER KODEX

1.

Ich werde immer die
Wahrheit sagen –
selbst, wenn dies
zu meinem Nachteil ist.

2.

Ich werde tun was richtig ist,
anstatt nur Recht haben zu
wollen.

Ich werde
mein Ego kontrollieren.
Ich werde bescheiden sein und
mich nicht selbst
über andere stellen.

3.

Ich werde durch
körperliches Training
und meine Ernährungsweise
dafür sorgen,
dass mein Körper und
damit meine Gesundheit
in bestmöglichem Zustand ist.

Mein Körper soll stark und
widerstandsfähig sein.

4.

Ich werde nach
der kontinuierlichen
Weiterentwicklung
meiner selbst streben.

Dazu werde ich lesen und
auf jede mögliche Art lernen.

Ich werde neue Erlebnisse
und Aktivitäten suchen,
die meine Weltsicht
immer wieder erweitern.

5.

Ich werde mich nicht
von meinen Emotionen
kontrollieren lassen

Ich werde meine
Emotionen kontrollieren.

Meine Entscheidungen
werden frei von Emotionen
getroffen werden.

6.

Ich werde ein Sheepdog sein.

Ich werde kein Unrecht
schweigend hinnehmen
egal ob es mich selbst
oder andere betrifft.

Ich werde anderen Menschen
helfen und Jene beschützen,
die dies nicht selbst können.

Ich werde alle Menschen
gleichermaßen mit Respekt
behandeln.

7.

Ich werde dafür sorgen,
dass ich in der Lage bin mich selbst und
meine Familie zu
verteidigen.

Ich werde mir durch mein
Training die erforderlichen
Fähigkeiten aneignen.

Ich werde mich körperlich und mental da-
für vorbereiten.

8.

Ich werde keine Zeit
verschwenden,
weder meine eigene,
noch die von anderen.

Zeit ist meine
wertvollste Ressource,
und ich werde sie beschützen.

9.

Ich werde vor
Widerständen
nicht zurückweichen,
sondern sie überwinden.

Ich werde an ihnen wachsen
und durch sie stärker werden.

10.

Ich werde mutig
im Angesicht der Angst sein.

Meine Furcht zeigt mir
die Richtung,
in die ich gehen muss.

Ich werde mich
auf die Angst vorbereiten.

Ich werde für meine Familie
und meine Freunde
ein zuverlässiger
Partner und Beschützer sein, auch in
Zeiten der Angst.

IMMER VERDIENT – NIEMALS GEGEBEN

Dieser Kodex ist der Pfad zu dem Mann, der Du sein willst – und der Du zum Wohle von uns allen sein sollst. Auch wenn es uns allen möglicherweise nie gelingen wird ihn vollständig zu leben, so werden wir doch allein durch den Versuch bereits bessere Menschen werden.

Wir werden durch den Kodex dazu ermutigt, die beste Version von uns selbst zu erschaffen – immer und immer wieder.

Der Kodex setzt den Standard, nach dem wir alle leben sollten. Er zwingt uns, immer nach dem höchstmöglichen Standard zu leben. Er zwingt uns, unsere Standards immer weiter nach oben anzupassen. Dies ist von erheblicher Bedeutung. Denn nur Deine Standards definieren Deine Handlungen. Deine Handlungen definieren wiederum wer Du bist – nicht Deine Worte.

Deine Standards bestimmen Dein Training in allen Lebensbereichen. Um hohe Standards zu erfüllen, muss Dein Training dementsprechend intensiv und herausfordernd sein. Nur so gelingt es, einen dauerhaften Expansionsprozess aufrecht zu erhalten. Und schließlich wird sich der Pfad zu Deinem bestmöglichen Selbst nur dann vor Dir enthüllen, wenn Deine Standards so hoch wie möglich sind

Sei Dir des folgenden Zusammenhangs immer bewusst: Du wirst niemals auf dem Niveau Deiner Erwartungen performen. Du wirst immer auf das Niveau Deiner Standards (und damit auf das Niveau Deines Trainings) zurückfallen.

Dem Kodex zu folgen, heißt demzufolge, sich im immerwährenden Kampf zu befinden.

Im Kampf gegen Dein Ego.

Im Kampf gegen Deine Begierden.

Im Kampf gegen Deine Laster.

Im Kampf gegen Deine Schwäche.

Im Kampf gegen Deine Ignoranz.

Im Kampf gegen Deine Disziplinlosigkeit.

Im Kampf gegen Deine Furcht.

Dieser Kampf ist der Weg. Der Weg zu einem besseren Selbst, einem besseren Leben und einer besseren Welt für uns alle.

Wahrscheinlich scheint es Dir so, als gäbe es Männer, die diesen Kampf bereits gewonnen haben. Nichts könnte weiter von der Realität entfernt sein.

Ausnahmslos alle Männer befinden sich täglich in diesem Kampf. Die allermeisten verlieren ihn – weil sie sich erst gar nicht der Herausforderung stellen.

Die Männer, die ihn gewinnen, haben Strategien und Gewohnheiten (Habits) entwickelt, um nicht vom Weg abzukommen – in aller Regel zumindest.

Kein einziger Mensch ist jemals zu 100% konsistent in seiner Disziplin. Das ist völlig in Ordnung. Es ist menschlich. Dies darf aber keine Ausrede dafür sein, nicht nach konstanter Verbesserung zu streben. Die erfolgreichen Männer auf dieser Welt sind zu mindestens 90% konsistent in ihrem Verhalten. Und sie streben täglich danach, dieses Verhältnis immer weiter in Richtung 100% zu verschieben.

Dieser Weg hat einen Preis – so wie alles von wirklichem Wert. Du musst vieles dafür opfern, was bequem oder angenehm ist. Du wirst oft zweifeln und hadern. Viel Arbeit, Schmerz, Frustration und manchmal Verzweiflung liegen auf diesem Weg.

Ich kann Dir eines versprechen:
Es lohnt sich.
Was Du bekommst, ist ein Leben in Selbstbestimmung, Stärke und Freiheit.

Die Entwicklung zur besten Version von Dir selbst ist schmerzhaft.

Ich kenne nur einen Prozess, der noch schmerzhafter ist und der einen noch höheren Preis von Dir verlangt: Wenn Du nicht nach der besten Version von Dir selbst strebst. Dann bist Du Passagier in Deinem Leben – jemand anderes steuert. Du bist zum Zuschauen verdammt. Ich kann Dir Versichern: am Ende Deines Lebens wirst Du all das bedauern, was Du nicht getan hast.

Das ist der Schrecken des Sterbens. Dieser nicht zu lindernde Schmerz durch die Erkenntnis, nichts aus dem eigenen Leben gemacht zu haben.

Die Frage "Was wäre möglich gewesen, wenn ich alles gegeben hätte?" will ich mir niemals stellen.

Darum gebe ich jeden Tag alles. Darum strebe ich jeden Tag danach, mich immer wieder neu zu erschaffen.

Alles was Du in Deinem Leben sehen willst, musst Du Dir verdienen. Ohne Beständigkeit, Disziplin und Durchhaltevermögen ist es nicht möglich, große Ergebnisse zu erschaffen. Dir steht nichts zu, also erwarte und hoffe niemals. Handle und lerne, ohne unterlass.

Niemand ist für Dein Leben verantwortlich außer Dir. Du kannst niemanden verantwortlich machen außer Dir selbst.

Wenn Du nicht da bist, wo Du sein willst – gehe unaufhaltsam weiter.

Wenn Du nicht hast, was Du willst – finde heraus, wie Du es bekommen kannst.

Tu dafür, was getan werden muss. Alles, das es wert ist zu haben, musst Du Dir verdienen – es wird Dir nicht einfach gegeben.

DIE AUSWERTUNG

Der KODEX ist kein Zufallsprodukt.

Er ist auch keine Sammlung von Sätzen, die sich einfach nur "richtig" oder "cool" anhören.

Er ist das Produkt einer langen Reise – meiner Reise zu mir selbst. Er ist das Ergebnis unzähliger Fehlschläge und tiefer Verzweiflung. Er ist die Summe vieler Erkenntnisse, die ich auf den vielen Reisen in meine Dunkelheit gewonnen habe.

Aus diesem Grund ist er als Leitfaden verfasst. Er ist die Aufforderung an Dich, die Dinge zu unternehmen, die Dich zu einem guten Mann werden lassen – wenn Du ihnen täglich nach bestem Wissen und Gewissen folgst.

Jeder einzelne Punkt des KODEX basiert auf Fakten und Erkenntnissen, die ich in über drei Jahrzehnten gesammelt habe. Zehntausende Stunden Studium und Arbeit waren nötig, um dieses Konzentrat bilden zu können.

Zu jedem einzelnen Punkt gibt es ein "Warum".
Dieses "Warum" möchte ich gerne mit Dir teilen.

WAHRHEIT

"**Stop fucking lying**" ist der Satz, der mein Leben verändert hat.

Ich hörte ihn zum ersten Mal im Jahr 2016. Seitdem lebe ich danach. Kompromisslos. Mein Leben hat sich in allen Bereichen fundamental und dramatisch zum Positiven verändert. Den größten Effekt hatte in diesem Zusammenhang sicher, dass ich mich selbst nicht mehr belüge.

Dazu gehört auch, dass ich jeden Tag nach den neuen Lügen suche, die ich mir erzähle. Das menschliche Gehirn hört niemals damit auf Stories zu kreieren, die die Realität maskieren und für uns erträglicher machen sollen. Es ist sehr einfach, diese Lügen zu akzeptieren, denn sie sind oft schwer zu erkennen – zumindest für uns selbst.

Die Lüge ist immer der leichte Weg, der einfache Weg. Die meisten Menschen, darunter auch viele "Experten" werden Dir sagen, dass es ausgesprochen dumm ist, immer die Wahrheit zu sagen. Unter dem Aspekt, dass die Wahrheit manchmal mehr Schwierigkeiten und unangenehme Konsequenzen bedeutet, ist das nachvollziehbar. Dies trifft allerdings deutlich seltener zu, als es den Lügnern klar ist. Was weiß denn ein Lügner über die Wahrheit? Wie soll ein Mann, der nicht bereit ist, die Konsequenzen seiner Handlungen vollumfänglich zu tragen, andere über diese Konsequenzen beraten?

Wer lügt, um es sich einfach zu machen hat keine Erfahrung mit der Wahrheit. Wer keine Erfahrung mit etwas hat, der kann darüber auch nicht sprechen. Wenn Dir also jemand sagt, dass es "dumm" von Dir sei die Wahrheit zu sagen, dann weißt Du was das für ein Mensch ist.

Wir alle erzeugen Konsequenzen durch unsere Handlungen und unsere Entscheidungen. Diese Konsequenzen gehören uns allein. In meinem Buch "Verabredung mit dem Erfolg" habe ich das Konzept von "Complete Ownership" thematisiert.

Die Verantwortung für das eigene Leben vollumfänglich zu akzeptieren, muss eine Basisbedingung in Deinem Leben sein. Wie willst Du sonst jemals die Kontrolle über Dein Leben erlangen? Sicherlich nicht dadurch, dass Du in entscheidenden Moment die Verantwortung abgibst.

<u>Wer lügt, der überträgt anderen Menschen die Kontrolle über sein Leben.</u>

Das ist kaum jemandem klar. Deine Lüge kann jederzeit enttarnt werden. Es gibt nun ein Druckmittel gegen Dich. Darüber hinaus fürchtest Du die Konsequenzen, welche die Wahrheit mit sich bringen könnten. Diese hängen nun wie ein Damoklesschwert über Deinem Kopf. Die Lüge macht Dich unfrei – die Wahrheit befreit Dich.

Ein Lügner deformiert, verzerrt und entstellt die Realität der Belogenen. Wenn Du eine Lüge erzählst, dann erschaffst Du in diesem Moment eine neue Realität für jemand anders.

Diese Person trifft nun Entscheidungen basierend auf dieser falschen Realität. Sie trifft Entscheidungen, die sie so vermutlich nicht getroffen hätte, wenn sie die Wahrheit wüsste. Niemand von uns kann es verantworten, für andere Menschen eine Unrealität zu erschaffen. Diese Menschen tragen nun für den Rest ihres Lebens die Konsequenzen unserer Lügen.

Auch die Hirnforschung beschäftigt sich mit der Wahrheit und hat Erstaunliches festgestellt: die Wahrheit zu sagen lässt uns empathischer werden, uns zufriedener fühlen und sie lässt sogar unser Gehirn wachsen. Der präfrontale Kortex ist der Sitz unseres logischen Denkens und unserer Persönlichkeit. Er zeigt mehr Aktivität, wenn Menschen die Wahrheit sagen. Er "wächst" durch die verstärkte Ausbildung von Verknüpfungen der Nervenzellen, wenn ein Mensch regelmäßig die Wahrheit sagt. Wir sind also von Natur aus dazu erschaffen, die Wahrheit zu sagen.

Du kennst das Gefühl der Erleichterung, wenn Du die Wahrheit gesagt hast. Das ist ein direkter Ausdruck der Reaktion Deines Gehirns auf die Wahrheit. Die Wahrheit wird langfristig immer die bessere Entscheidung gewesen sein. Nicht immer in Bezug auf das von Dir gewünschte Ergebnis. Aber immer für Dich selbst. Wer die Wahrheit sagt, der hat nichts zu verbergen.

Ein Mann, der nichts zu verbergen hat, wird immer der mächtigste Mann im Raum sein.

EGO

"Ist Dein Ego Dein Amigo?"
Dieser Satz hat eine tiefere Bedeutung, als es zuerst den Anschein haben mag.

Die alten Stoiker waren der Ansicht, dass das Ego der größte Feind des Menschen sei. Damit haben sie zum größten Teil recht. Denn das unkontrollierte Ego richtet fast ausschließlich Schaden an. Das Ego ist eine Projektion Deines Gehirns. Es ist eine Art Avatar von Dir selbst. Das Ego will Dich beschützen, darum wird es immer versuchen dafür zu sorgen, dass Du Dich "gut" fühlst. Es will recht haben – nicht das Richtige tun. Es will beherrschen, dominieren, andere klein machen, um selbst groß zu sein. Das Ego lehnt Fakten ab, sobald sie ihm nicht dienen. Arroganz und Ignoranz sind klassische Wesenszüge des Egos. Es blockiert persönliches Wachstum zugunsten der eigenen Herrlichkeit. Wer alles weiß muss nichts mehr lernen. Richtig?

Das Ego beschuldigt und beleidigt. Es lebt in dauerhafter Opferhaltung und sucht die Verantwortung immer bei den anderen. All dies dient dem Schutze des Besitzers, damit dessen verletzlicher Wesenskern sich nicht offenbaren muss. Verletzlichkeit gilt als Schwäche in unserer Gesellschaft. Das Gegenteil ist der Fall. Sich offen, authentisch und verletzbar zu zeigen erfordert so viel Kraft und Mut – das ist wahre Stärke. All dies enthält Dir Dein Ego vor, wenn Du nicht lernst es zu kontrollieren und zu Deinem Freund zu machen.

Wie immer im Universum gibt es auch beim Ego zwei Seiten. Die kosmische Dualität ist ein allesdurchdringendes Gesetz. Das Ego ist ambitioniert und manchmal nahezu größenwahnsinnig. Sein Ego ließ Alexander den Großen ausziehen, um die bekannte Welt zu erobern. Ohne das Ego wäre wahrscheinlich kaum eine bedeutungsvolle Entwicklung in der Menschheitsgeschichte zustande gekommen.

Betrachte Dein Ego nicht als Feind. Mache es zu Deinem Freund. Lerne seine Spielchen, Projektionen und Einflüsterungen zu erkennen. Übe Dich in Respekt und Demut. Sei zurückhaltend. Es sei denn Du ziehst in den Krieg. Gib immer mehr als Du nimmst. Du wirst auf diese Weise mehr bekommen, als Du jemals erwartet hättest. Wenn ich in diesem Kontext von "Demut" spreche, dann meine ich damit keinesfalls die Demut im religiösen Sinne. Es geht nicht um Unterwerfung, es geht um Bescheidenheit. Das englische Wort "Humility" drückt das sehr viel besser und genauer aus. Humility ist die wichtigste Eigenschaft eines Leaders – und damit eines jeden Mannes.

Bescheidenheit schützt Dich davor, andere herabzuwürdigen, um Dich selbst zu erhöhen. Dies ist die Standard-Vorgehensweise moderner "Männer". Es ist nichts weiter als verabscheuungswürdig.

Bescheidenheit wird Dich dazu leiten, mehr und härter (an Dir) zu arbeiten. Deine Ergebnisse werden für Dich sprechen – Du selbst musst nichts mehr dazu sagen.

KÖRPER/GESUNDHEIT

"Was für eine Schande ist es für einen Mann zu altern, ohne jemals die Schönheit und Stärke zu erblicken, zu welcher sein Körper in der Lage ist"

Sokrates hat diese Worte vor fast 2500 Jahren im antiken Griechenland aufgeschrieben. In einer Zeit, in der es keine Social-Media, Fitness-Influencer, Topmodels oder Diätenwahn gab.

In allen antiken Kulturen wurde ein starker, gesunder Körper als höchstes Gut angesehen. Im antiken Rom galt es als Zeichen des Scheiterns, wenn ein Mann dick war. In einer Zeit, in der harte körperliche Arbeit normal war, gab es Sportstätten. Reiche Römer wurden freiwillig Gladiatoren, um das Beste aus sich und ihrem Körper herauszuholen.

Die Erkenntnis, dass die Optimierung des eigenen Selbst nur über die Optimierung der körperlichen Leistungsfähigkeit erzielt werden kann, ist tausende von Jahren alt. Und auch die moderne Wissenschaft kann dies nur immer und immer wieder bestätigen. Heute leben wir in einer Welt der Oberflächlichkeit. Den allermeisten Menschen geht es nur darum, wie sie nach außen wirken, nicht darum, wer sie wirklich sind. Sport und Training werden fast ausschließlich als kosmetisches Mittel betrachtet. Und während das ein zusätzlicher, nicht zu vernachlässigender Effekt von Training ist, so ist es doch der völlig falsche Motivator.

Immer wieder höre oder lese ich den Satz "Wer sagt denn, wie ein Mann aussehen muss". Er wird nahezu ausschließlich von Männern kolportiert, die schwach sind. In der Regel sind sie fett, Kraft und Muskeln haben sie so gut wie nie. Wie immer kommentieren auch diesbezüglich nur die Erfolglosen negativ.

Meine Antwort auf die vorgenannte Frage ist einfach:

Die Natur.

Muskeln zu haben und stark zu sein liegt in der männlichen DNA. Männer haben – in der Regel – deutlich höhere Testosteronspiegel als Frauen.

Testosteron macht, vereinfacht gesagt, stark. Es fördert Muskelwachstum und damit die Entwicklung von Kraft. Männer haben von Natur aus mehr Muskelmasse als Frauen. Unsere Muskeln sind stärker als die von Frauen. Schwere körperliche Arbeit lässt bei beiden Geschlechtern die Muskeln wachsen, bei Männern immer deutlich mehr als bei Frauen. Männliche Individuen von Säugetierrassen sind praktisch immer stärker als die Weibchen. Sie sind für die Jagd und die Verteidigung des Rudels und damit des Nachwuchses verantwortlich. Sie brauchen deutlich mehr Kraft als die Weibchen, um diesen Aufgaben gerecht zu werden. Auch bei Einzelgängern wie zum Beispiel Bären sind die Männchen größer und stärker als die Weibchen.

Beim Menschen ist all das nicht anders. Es ist die Aufgabe eines Mannes stark zu sein, damit er seine Familie verteidigen kann. Damit er die schweren Arbeiten verrichten kann, zu denen die Frauen rein körperlich nicht in der Lage sind. Es ist Dein genetisches Schicksal, stark zu sein.

In unserer Gesellschaft glauben Männer, dass sie sich nicht verteidigen brauchen. Die Mächtigen schüren diese Illusion von Sicherheit. Die Masse der Gesellschaft wird lobotomiert. Man macht die Menschen glauben, sie wären sicher.

Nichts ist weiter von der Realität entfernt. Ein Mann, der nicht stark ist, ist ein Opfer, nichts weiter. Die meisten Männer sind nur noch nicht vom passiven Opferstatus in den aktiven gewechselt, darum leben sie in der vorbeschriebenen Traumwelt.

Ihr Mangel an Muskelmasse und Kraft lässt im Rahmen der körpereigenen Feedbackschleife die Testosteronspiegel deutlich absinken. Übergewicht und Fettleibigkeit verstärken diesen Effekt noch einmal erheblich. Fettgewebe erzeugt Östrogen, das weibliche Sexualhormon. Die Masse der Männer in Deutschland ist biochemisch betrachtet kastriert. Kein Wunder, dass die Frauen dabei sind das Ruder zu übernehmen.

Ohne Testosteron verschwinden auch die typisch männlichen Verhaltensweisen und damit auch die enorm wichtigen männlichen Eigenschaften. Mut, Entscheidungsfreude und auch Aggression sind für eine Gesellschaft von entscheidender Bedeutung.

Kein Wunder also, dass der durchschnittliche Mann eine passiv-aggressive Pussy ist, die gerne von einer Mami versorgt und verhätschelt werden möchte.

Ja, ein Mann muss stark sein. Ein Mann muss nicht fett sein. Ein Mann muss Muskeln haben. Ein Mann muss sich selbst immer wieder auf das Äußerste körperlich herausfordern, um seinen Körper so stark und so gesund wie möglich zu machen. Das Training und die Ernährung, die für so einen Körper erforderlich sind, sind die beste Gesundheitsfürsorge, die ein Mensch betreiben kann.

Ein gesunder und starker Mann ist ein Gewinn, ein Aktivposten (Asset) für seine Familie.

Ein schwacher und kranker Mann ist nichts weiter als eine Last, schwere Verpflichtung (Liability).

Es ist unsere Pflicht als Männer anderen nicht zur Last zu fallen durch Mangel an Verantwortung und Disziplin.

GEIST UND WELTSICHT

"Je mehr ich lese, je mehr ich erlerne, umso mehr bin davon überzeugt nichts zu wissen"

Das schrieb Voltaire einst. Es ist von einschneidender Bedeutung das zu verstehen.

So gut wie nichts zu wissen, ist eine der wichtigsten Erkenntnisse, die ein Mann haben kann. "Ich weiß, dass ich nichts weiß" ist ein Satz von Sokrates, der gerne zitiert wird. Ironischerweise vor allem von Männern, die vom genauen Gegenteil überzeugt sind. Ein klassisches Wichtigtuer-Zitat. Überdies ist es auch noch falsch: Die richtige Übersetzung lautet "Ich weiß, dass ich nicht weiß". Die Bedeutung ist eine völlig andere. Sokrates meinte damit das gleiche wie Voltaire. Nämlich, dass es deutlich mehr gibt, was wir alle nicht wissen – im Vergleich zu dem, was wir wissen.

Aus diesem Grund muss ein Mann immer auf der Suche nach mehr Wissen sein. Nach neuen Perspektiven, die immer wieder der eigenen Weltsicht völlig entgegengesetzt sein sollten. Nur im Diskurs unterschiedlicher Ansichten wird sich die Wahrheit offenbaren. Die Suche nach dem, was Du nicht weißt, sollte Dich leiten. Vielmehr noch solltest Du Dir darüber im Klaren sein, dass Du nicht weißt, was Du nicht weißt.

"Ignoranz ist nicht die Abwesenheit von Wissen, sondern die Weigerung es zu erwerben."

Der Philosoph Karl Popper hat das einmal gesagt – und er hat damit recht.

Gerade in Deutschland besteht die Bildung der allermeisten Männer nur aus Einbildung. Arroganz ist kein Ersatz für mangelndes Wissen. Was dafür gesorgt hat, dass Deutschland in der digitalen Steinzeit lebt, ist genau das: die Weigerung neues Wissen zu erwerben.

Wissen zu erwerben reicht allein nicht. Nicht Wissen ist Macht, sondern angewandtes Wissen ist und bedeutet Macht.

Viele Männer konsumieren jedoch nur Wissen, ohne jemals etwas damit anzufangen. "Analysis Paralysis" nennt man dieses weitverbreitete Phänomen. Immer auf der Suche nach der besseren Information kommt es niemals zu einer Handlung. Ich kenne viele Männer, die zwar mächtig belesen aber völlig impotent sind, wenn darum geht etwas mit dem ganzen Wissen anzufangen.

Zu lesen muss ein fester Bestandteil Deiner täglichen Routine sein. Du solltest überwiegend Bücher lesen. Sie liefern dir die am höchsten komprimierte Form von Wissen. Aber auch das Studium von anderen Informationsquellen wie Blogs, Videos, Podcasts und Hörbücher sollte für Dich Routine sein. Suche nach Dialogen, nach Menschen, mit denen Du Dich austauschen und von denen Du lernen kannst. Unternimm neue Dinge, lerne neues, sei neugierig, sei kreativ. Erschaffe Erlebnisse, die Dein Gehirn herausfordern und Dich zwingen neue Türen in Deinem Geist zu öffnen.

Sei immer neugierig. Werde Dir der Tatsache bewusst, dass jeder Mensch etwas kann, was Du nicht kannst.

Du kannst von jedem Menschen etwas lernen, also sei offen dafür.

Sei immer bereit alles infrage zu stellen, was Du zu wissen glaubst. Vor 600 Jahren hättest Du gewusst, dass die Erde das Zentrum unseres Sonnensystems ist. Sie ist es nicht. Seit der Antike gab es unterschiedliche Meinungen zur Form der Erde. Bis heute gibt es Menschen, die glauben, dass die Erde eine Scheibe sein. Sie wissen dies nicht, sie wollen es glauben. Sei also bereit Dir selbst die notwendigen Fakten zu besorgen. Nutze dafür immer widersprüchliche Quellen, um nichts zu übersehen.

Die Fähigkeit Dinge zu vergessen und zu verlernen ist enorm wichtig, wenn es darum geht sich weiterzuentwickeln. Altes verwerfen, neues akzeptieren. Das ist das Wesen eines offenen Geistes.

Oder wie Friedrich Nietzsche schrieb:

"Die Schlange, die ihre Haut nicht abwerfen kann, muss sterben. So wie der Verstand derer, die ihre Meinung nicht ändern können: Er hört auf Verstand zu sein."

EMOTIONEN

"Nicht ausgedrückte Emotionen werden niemals sterben. Sie werden lebendig beerdigt und kommen später auf hässliche Weise zurück"

Sigmund Freud wird diese treffende Erkenntnis zugeschrieben.

Du kannst Emotionen nicht einfach verdrängen. Sie lösen sich nicht auf und sie verschwinden nicht. Sie fangen an zu gären und den Geist zu vergiften.

Emotionen dienen einem Zweck: sie weisen Dich auf etwas hin. Freude, Wut, Frustration, Enttäuschung sind Hinweise. Sie fordern Dich auf, etwas zu tun – zum Beispiel Dankbarkeit auszudrücken oder ein Hindernis zu beseitigen. Emotionen sind entwicklungsgeschichtlich älter als das selbstständige Denken. Darum haben sie so eine große Macht über uns.

Um so wichtiger ist es, dass wir lernen sie zu verstehen und mit ihnen umzugehen. Das Unterdrücken der Emotionen erzeugt den gegenteiligen Effekt. Die Furcht vor ihnen wird immer größer und damit die Bereitschaft sie zuzulassen immer geringer. Durch den Prozess des Aufstauens kommt es immer wieder zu unvorhersehbaren, plötzlichen emotionalen Entladungen. Diese erschrecken das Individuum und bestätigen – fälschlicherweise – die Furcht vor den Emotionen. Ein Teufelskreis entsteht.

Tatsächlich ist es so, dass die meisten Menschen genau deshalb fast ausschließlich von ihren Emotionen gesteuert werden. Sie haben keinerlei Kontrolle über ihre Gefühle.

Ihnen ist dabei selbst nicht einmal klar, dass sie von ihren eigenen Emotionen kontrolliert und gesteuert werden. Dabei sollte es genau andersherum sein. Nur wenn Du Dich aktiv mit deinen Gefühlen und deren Ursprung auseinandersetzt, wirst Du in der Lage sein sie zu kontrollieren. Erst wenn Du verstehst, was sie bedeuten kannst Du sie zu deinem Nutzen und Vorteil einsetzen.

Jede Emotion ist am Ende nur Energie. Und Energie lässt sich auf unterschiedlichste Weise nutzen. Gefühle sind Power – wenn Du verstehst, wie Du sie nutzen kannst.

Es gibt ein Tool, dass es Dir ermöglicht, Deine Emotionen aktiv zu verarbeiten und sie zu verstehen. Dieses Tool heißt "The Stack".

Ich habe ein Buch darüber geschrieben: "The Stack – Der Weg aus der selbstgewählten Dunkelheit". Darin findest Du eine genaue Anleitung und viele reale Beispiele von mächtigen Erkenntnissen, die Männer durch den Stack gewonnen haben.

<u>Entscheidungen müssen immer frei von Gefühlen getroffen werden. Emotional getroffene Entscheidungen sind immer schlechte Entscheidungen.</u>

Sie zerstören Beziehungen und Unternehmen. Aus diesem Grund ist es unerlässlich, dass Du lernst mit Deinen Emotionen umzugehen und sie zu kontrollieren.

Mache Dich mit ihnen vertraut, lasse sie zu, um sie zu verstehen – aber lasse Dich nicht von ihnen leiten. Wirst Du emotional getriggert, dann warte 60 Sekunden, bevor Du eine Antwort gibst oder eine Reaktion zeigst. In dieser Zeit kannst Du nachdenken und die Emotion kontrollieren, die Dich gerade überkommt.

Auf diese Weise wirst Du Dir selbst und anderen viel Ärger und Leid ersparen. Du wirst Dich sehr viel seltener entschuldigen müssen. Du wirst sehr viel weniger Konflikte und Probleme haben, denn sie sind häufig hausgemacht, durch unkontrollierte emotionale Reaktionen. Jede starke Gefühlsreaktion hat eine Vorgeschichte. Meist liegen die Wurzeln in der Kindheit. Fast immer ist eine alte emotionale Verletzung die Ursache. Finde heraus, was es ist und löse es auf.

Lerne Dich selbst kennen und verstehen, um nicht zum Schrecken der anderen zu werden.

SHEEPDOG

"I am a sheepdog. I live to protect the flock and confront the wolf." LTC (ret.) - Dave Grossman

Unsere Gesellschaft besteht zu 90 % aus Schafen, zu 1% aus Wölfen und zu 8% Prozent aus Schakalen und Hyänen.

Die Wölfe herrschen über die Schafe. Weil es viel zu wenige Sheepdogs (Hirtenhunde) gibt.

Den Begriff "Sheepdog" habe ich aus den USA übernommen. Dort hat er, ganz besonders in der Community der Sicherheitskräfte, eine sehr starke Bedeutung. Dort sehen sich viele Männer, ganz besonders in den Spezialeinsatzkräften von Militär und Polizei als Sheepdogs – als Beschützer. Sie braucht unsere Gesellschaft am meisten. Die Schafe sind sonst den Wölfen und Schakalen schutzlos ausgeliefert. Nicht Mut, sondern Feigheit ist allerdings der Standard bei Männern unserer Zeit. Sie stehen für nichts und geben allem nach. Was Du manchmal für Mut bei anderen Männern halten magst, ist nichts weiter als Arroganz oder ein Pseudo-Selbstbewusstsein. Dieses Verhalten zeigen Männer, wenn sie sich hinter etwas verstecken können. Zum Beispiel hinter dem Gesetzt oder ihrem Vorgesetzten.

Ein großes Maul haben viele.
Power haben nur wenige.

Unglücklicherweise besitzen fast nur noch Männer, die am Rande der Gesellschaft leben, rohe männliche Power.

Diese haben aber wenig Interesse daran, dem Rest der Gemeinschaft einen Dienst zu erweisen. Sie leben in einer eigenen Welt mit einer eigenen Kultur.

Dort gilt das Recht des Stärkeren. Die Gesellschaft hat dem nicht viel entgegenzusetzen. Unser Staat ist weder willens noch in der Lage, uns zu beschützen. Viel schlimmer, weil zahlreicher, sind die schwachen Männer. Diese co-abhängigen, betaisierten Feiglinge sind die Schakale und Hyänen. Sie rotten sich zusammen, um die Schwachen zu attackieren und um zu bekommen was sie wollen, ungeachtet der Konsequenzen für alle anderen.

Sie beherrschen unsere Gesellschaft. Niemand gebietet ihnen Einhalt. Sieh Dir unsere Politiker und Politikerinnen an. Korrupt, bestechlich und verlogen sind sie nahezu alle. Ausschließlich auf ihren eigenen Profit fokussiert. Das Volk wird nur als Katalysator genutzt, um aus Scheiße Geld zu machen. Ein guter und starker Mann ist jederzeit bereit und in der Lage einzuschreiten, wenn Unrecht geschieht.

Der, der ein Übel zulässt ist genauso schlecht wie der, der es begeht. Die Zahl derer, die einfach nur zusehen, wie sich die Wölfe, Schakale und Hyänen an der Herde vergehen ist um ein Vielfaches Größer als die der Täter. Feige Zuschauer gibt es genug. Es ist Deine Pflicht als Mann, Dich vorzubereiten. Mental, körperlich und spirituell. Tritt für die ein, die es selbst nicht können.

Beschütze die Schwachen so wie Du beschützt werden willst, wenn Du einmal schwach bist.

Begegne jedem Menschen mit Respekt. Egal ob er für Dich etwas tun kann oder nicht. Respekt muss nicht verdient werden. Respekt wird immer gegeben.

Nun liegt es an der anderen Person, ob sie sich Deines Respekts als würdig erweist oder nicht. Die wenigsten Menschen in unserer Gesellschaft werden mit Respekt behandelt. Allein dies führt bereits zu so vielen Konflikten und einer immer tiefer werdenden Kluft zwischen den Menschen. Die Erwartung, respektlos behandelt zu werden führt zu Aggression und Abwehr.

Du beeinflusst durch Dein Verhalten immer die Menschen, mit denen Du in Kontakt trittst. Du bist das Vorbild für Deine Kinder. Durch Dein Verhalten, durch das, was Du täglich zeigst, vermittelst Du ihnen ihr Wertesystem.

Kinder von feigen und opportunistischen Vätern werden selbst so. Kinder von aufrechten und mutigen Vätern werden diese Eigenschaften weitergeben.

Habe keine Angst, dass Du alleine bist, wenn Du ein Sheepdog wirst. Andere Sheepdogs werden Dich sehen und erkennen. Sie werden den Kontakt zu Dir suchen.

Sie sind die Gemeinschaft, die Du bevorzugen solltest. Nicht die der Schafe. Und je mehr wir werden, um so größer wird unser Impact auf diese Gesellschaft sein.

Ich bin mir sicher, dass es da draußen viele Sheepdogs gibt, die sich bisher einfach nicht eingestehen, wer sie wirklich sind.

Aufbruch

DER AUFBRUCH

Der berühmte chinesische Philosoph Lao Tzu schrieb einmal auf: "Eine Reise von 1000 Meilen beginnt mit einem Schritt"

So beginnt auch diese Reise zu Dir selbst – aber sie ist eben eine Reise von 1000 Meilen. Du hast also keine Zeit mehr zu verlieren. Setze einen Fuß vor den anderen, ohne anzuhalten.

Das Stoppen ist der Hauptgrund dafür, dass Menschen ihre Ziele nicht erreichen. Sie starten – dann stoppen sie. Sie starten wieder – und stoppen erneut. So geht es die ganze Zeit, bis die Frustration irgendwann so groß ist, dass die endgültige Resignation einsetzt.

"Just stop stopping" ist einer der Schlüssel zum Erfolg. Ja, es wird Rückschläge, Plateaus und jede Menge Zweifel und Frustration geben. Das ist Teil des Prozesses.

"It's not a bug – it's a feature" würde ein Programmierer dazu wohl sagen. Vollständige Disziplin in allen Dingen wird Dir all das geben, was Du haben willst. Sie ist einer der Schlüssel für Expansion in allen Lebensbereichen.

Disziplin ist Freiheit.
Sie ermöglicht es Dir Dein Leben vollständig selbst zu gestalten. Die Sorge für Deinen Körper mag jetzt anstrengend sein, sie gibt Dir aber bis ins hohe Alter Kraft und Selbstständigkeit.

Deine Disziplin in finanziellen Dingen mag jetzt den Verzicht auf „Shiny Shit“ erfordern. In der Zukunft wird sie Dir finanzielle Unabhängigkeit bescheren.

Der zukünftige Return auf ein jetziges Investment ist immer um ein Vielfaches höher, als das was Du jetzt sofort haben könntest. Disziplin ist der Unterschied zwischen Sofortbefriedigung – dem Standard in unserer Gesellschaft – und der langfristigen Perspektive.

Lebenslang als Mensch zu expandieren und die bestmögliche Version von Dir selbst zu werden, ist das "Long Game". Ein anderes Spiel zu spielen, macht keinen Sinn. Der zweite Schlüssel für lebenslange Expansion ist Verantwortung. Total Ownership.

Übernimm die uneingeschränkte Verantwortung für alles in Deinem Leben. Suche nicht nach einer Möglichkeit, Verantwortung abzugeben. Es ist immer einfacher, jemanden oder etwas zu suchen, dem man die Schuld geben kann. Auch wenn andere Menschen Probleme verursachen. Das tun sie zumeist, dann ist es doch immer Deine Verantwortung mit der Situation umzugehen. Total Ownership wird Dich zu immer neuen Erkenntnissen und neuen Perspektiven führen.

<u>Alles, was Du in diesem Moment in Deinem Leben siehst, ist das Ergebnis Deiner Entscheidungen. Etwas daran zu verändern, erfordert neue Entscheidungen.</u>

Alles was Du tust, hat Konsequenzen – vorhersehbar oder unvorhersehbar. Sie gehören vollumfänglich Dir.

Es hilft nichts, sich nun über unangenehme oder unerwünschte Konsequenzen zu beklagen. Übernimm die Verantwortung dafür, lerne daraus und triff darauf basierend bessere Entscheidungen.

Zum Zeitpunkt der Entstehung dieses Buches befindet sich Deutschland gerade in der vierten Welle der COVID-19 Pandemie. Der vollkommende Mangel an Disziplin und Ownership unserer Politiker wird einmal mehr sichtbar.

Weil in den Monaten zuvor keine disziplinierten Entscheidungen getroffen wurden, steht Deutschland schon wieder hilflos und ohne jegliche Vorbereitung da. Die Schutzmaßnahmen wie konsequentes Tragen einer FFP-2-Maske, Abstandsgebot und verschärfte Hygieneregeln hätten weiterhin uneingeschränkt gelten müssen. Weil unsere Politiker sich selbst und ihren Profit über alles stellen, haben sie anders entschieden. Im Vorfeld der Bundestagswahl wollten sich alle mit Lockerungen übertreffen, um die Gunst der Wähler zu erhalten. Dass sie damit wissentlich schwerste Konsequenzen für alle Bundesbürger freimütig und leichtfertig in Kauf genommen und herbeigeführt haben, will nun keiner mehr wissen. Seit Beginn der COVID-19-Pandemie haben sie in keinem einzigen Fall die Verantwortung für ihr Handeln übernommen. Aus diesem Grund haben sie auch nichts aus der Vergangenheit lernen können. Nun verlagern sie die Verantwortung für ihr Handeln auf die Unternehmen, das Gesundheitssystem und die Bevölkerung.

Sie sind allesamt schwache Männer und Frauen. Sie gehen den einfachen Weg der Lüge. Wenn Du vollumfänglich für Dein Leben Verantwortung übernehmen willst, dann ist Lügen für Dich keine Option.

Lügen sind genau für diesen Zweck erschaffen worden: Um Verantwortung abzulehnen.

Disziplin und Ownership werden Dir in allen Lebensbereichen geben, was Du willst. Den Körper, den Du willst. Die Partnerschaft, die Du willst. Den Selbstwert, den Du verdienst und das Business, das Du willst. Nichts davon ist leicht zu erreichen. Viel Arbeit wartet auf Dich. Das ist Dir wahrscheinlich bereits klar. Vermutlich spürst Du Widerstand in Dir. Es mag Dir so vorkommen, als würde übermenschliches von Dir erwartet werden.

Genau an dieser Stelle beginnt die Reise. Stelle Dich diesem ersten Widerstand. Fange an, darüber nachzudenken, wo Du Dich selbst belügst. Werde Dir klar über die Emotionen, die Du gerade jetzt, in diesem Moment spürst. Nimm sie an, lasse sie zu.

Beginne hinter die Dinge zu schauen und stelle Dir selbst Fragen.

Fragen wie "Warum erschreckt mich der Kodex?" oder "Was fürchte ich zu verlieren, wenn ich mein Leben ändere?"

Überprüfe an dieser Stelle einmal Deine Emotionen und deine Antworten auf die Fragen, die ich dir zu den Masken gestellt habe. Vielleicht möchtest du jetzt eine andere, eine freiere Perspektive auf diese Fragen einnehmen? Spürst du den Wunsch in dir, ohne Masken zu leben? In Wahrheit? Unabhängig?

Möchtest du endlich definieren wer du bist und welcher Mann du sein kannst?

Je besser Du verstehst wer Du wirklich bist, was Deine Werte, Deine Vision und Deine Ängste sind, um so weniger wirst Du das Bedürfnis haben, eine Maske zu tragen. Beginne heute damit, Dich und Deine Emotionen zu akzeptieren. Sei offen, verletzbar und authentisch. Dann brauchst Du keine Maske mehr.

Männer tragen eine Maske nur, weil sie sich allein fühlen. Weil sie Angst haben. Sie haben Angst, weil sie schwach sind. Sie haben Angst davor, dass jemand ihre Schwäche sehen und ausnutzen könnte. Ein Mann der stark ist, braucht keine Maske.

Du brauchst keine Maske. Sie hält Dich davon ab endlich Du selbst zu sein und all das zu entwickeln, was schon immer existiert hat. Was du schon immer in dir getragen hast. Du wirst sehr schnell merken, wie Du Dich in der Gesellschaft anderer Männer, die noch die Maske tragen, nicht mehr wohl fühlst. Das ist gut und richtig so. Lasse die Menschen, die Dich nicht auf Deinem Weg begleiten und unterstützen wollen gehen.

Habe keine Angst davor, am Ende einsam und verlassen zu sein. Menschen, die zu Deinem wahren Selbst passen, werden in Dein Leben treten. Du kannst mir glauben. Du bist nicht allein. Es gibt andere gute Männer, die Dich finden werden. Wenn Du diesen Weg beschreitest, dann musst Du die Herde der Schafe irgendwann verlassen. Sie werden Dich nicht mehr akzeptieren und sie werden auch versuchen, Dich wieder zu einem Schaf zu machen.

Lasse Dich von ihnen nicht verunsichern. Folge dem Kodex, auch wenn Du oft das Gefühl hast, allein in der Dunkelheit zu wandern.

Habe Vertrauen in Dich.

Was Du in der Dunkelheit tust, bringt Dein Licht zum Vorschein. Dieses Licht braucht unsere Welt.

Dieses, dein Licht brauchen wir alle.

Dein Licht ist ein Geschenk, das Du bekommen hast. Aber es gehört nicht Dir. Du hast es nur bekommen, um es weiterzugeben. Wenn Du nicht das Gefühl hast, dass Licht in Dir existiert, dann liegt das an all der Asche, die unsere Gesellschaft darüber angehäuft hat.

Hier ist eine kurze Starthilfe, um mehr Klarheit zu bekommen. Nimm Dir ein Notizbuch, und beantworte in schriftlicher Form folgende Fragen:

Welche Werte sind für Dich nicht verhandelbar?

Wann hast Du in Deinem Leben Deinen Werten entsprechend gehandelt, und wann nicht? Warum war das so?

Wo solltest Du heute Deinen Werten entsprechend handeln – tust es aber nicht? Warum nicht? Welche Maske hält Dich davon ab? Wie lange trägst Du sie schon? Wer hat sie Dir gegeben?

Wer könntest Du sein, wenn Du deine Masken ablegen würdest?

Was bedeutet "Mut" für Dich? Wann bist Du schon einmal mutig gewesen? Wann hättest Du mutig sein sollen, warst es aber nicht? Wie hast Du Dich deswegen gefühlt? Was wäre die mutige Handlung gewesen?

Ich habe dir meinen Kodex anvertraut. Meine schriftliche Fixierung wie ich denke, handel und lebe. Täglich.

Wenn du ein starkes Verlangen in dir verspürst auch ein Sheepdog zu sein, dann kann es sein, dass du Deinen Kodex formulieren und leben willst. In Integrität zu dem Mann der du bist und der du immer schon warst. Deine Antworten auf die Fragen ob weisen dir Deinen Weg.

Jetzt scheint sich dieser Mann zu zeigen? Lass ihn auch für die anderen sichtbar werden.

Aber sei gewarnt. Allzu schnell vergeht das coole und starke Gefühl. Sehr schnell stellt sich die Ernüchterung ein, dass niemand klatschen wird. Niemand wird Banner hochhalten und dich feiern.

Wenn es das ist, für was du antreten möchtest schau in den nächsten Spiegel. Du wirst dich mit einer Maske sehen.

DER NÄCHSTE SCHRITT

Was auch immer Du tust – tu es für Dich.

Lerne Dich zu lieben. Befreie Dich aus Deinem Käfig. Erforsche Deine Möglichkeiten. Geh raus, erlebe, erschaffe, sei Du selbst. Suche kein bequemes Leben, sondern finde die Stärke, um Herausforderungen zu meistern. Teste Dich immer und immer wieder.

Trete aus Deiner Komfortzone heraus. Jeden Tag.

Geh ohne Jacke raus, wenn es kalt ist. Finde heraus, was Kälte ist. Bleibe hungrig. Werde das Fett los, enthülle Deine gesunde Existenz. Finde heraus, was das alles bedeutet.

Deinen Charakter definierst Du nur außerhalb des Komforts, wenn Du Mangel spürst. Mangel an Wärme, Mangel an Nahrung, Mangel an Schlaf. In harten Zeiten findet ein Mann heraus, wer er ist und wozu er fähig ist. Wenn Du Dich niemals herausforderst, wirst Du niemals Deine Männlichkeit definieren.

Wenn Du nicht weißt wer Du bist, dann wird die Welt Dir sagen wer Du sein sollst. Lasse das nicht zu. Erwirb Weisheit – sie wird Dir nicht gegeben werden. Du kannst sie nur allein entdecken auf der Reise, die niemand für Dich unternehmen kann.

Sprich nicht über Dinge die Du tun wirst. Lass' Deine Handlungen Deine Geschichte erzählen. Versprich wenig und halte alle Deine Versprechen.

Ein Mann, der viel verspricht, wird nichts davon einhalten. Jeder der viele Versprechungen macht ist in großer Gefahr Übles zu tun, um sie zu erfüllen und befindet sich bereits auf dem Weg ins Verderben.

Gib immer alles. Ob Du gewinnst, verlierst oder ein Unentschieden erzielst ist egal. Du musst Dich in keinem Fall fragen "Was wäre möglich gewesen, wenn ich alles gegeben hätte?“.

Jammere niemals. Je mehr Du Dich beschwerst, um so unmännlicher wirst Du. Niemand will einem Mann beim Jammern über sein Leben zuhören. Kein Mann sollte sich beschweren. Entweder er findet eine Lösung, oder er geht einfach weiter.

Übe Dich in Ritterlichkeit. Sei zuvorkommend und höflich. Lerne Stil und Etikette. Sein ein Gentleman, achte Frauen – aber lasse Dich nicht von ihnen herumkommandieren. Erniedrige Dich nicht selbst, nur um Sex und Zuneigung zu bekommen. Setze niemals Geld ein, um ihr Herz zu gewinnen. Nur schwache Frauen werden von Geld beeindruckt. Für starke Frauen ist ein Mann mit Geld ein Bonus, keine Leiter zum Aufstieg.

Habe keine Angst vor Veränderung. Wenn Du ein größerer Mann sein willst als Du jemals warst, dann musst Du Dinge tun, die Du vorher noch nie getan hast.

Es mag sich unbequem, furchteinflößend und schmerzhaft anfühlen – doch das sind einfach nur Symptome, wenn die Mauern einstürzen, die Dich bisher beschützt haben,

Deine Reise beginnt hier

Wer bin ich? Was bin ich?
Was will ich sein? Welche Masken trage ich?

Stelle Dich dem Widerstand, den du spürst. Beginne damit Antworten auf diese Fragen zu finden. NUR DEINE Antworten!

Fang an. Jetzt. Denn Du hast keine Zeit. Es gibt keine Freizeit, keine Erholungszeit und Du hast keine Zeit übrig. Es gibt nur Lebenszeit. Nutze sie, um ein besserer Mann zu werden.

Fahre damit fort darüber nachzudenken, wo Du Dich selbst belügst. Mache Dir deine Emotionen bewusst, die Du gerade jetzt, in diesem Moment spürst, wenn du deine Fragen für dich ganz allein beantwortest.

Das macht dir Angst. Es macht uns Allen Angst. Das tut es jeden Tag. Lebe damit.

Und dann musst du eine Entscheidung treffen.

Fälle diese Entscheidung weise und mit deinem ganzen Herzen.

Du bist nicht allein!

Love * Light
Dr. Alexander Madaus

Der Kodex:

Ich werde immer die Wahrheit sagen – selbst wenn dies zu meinem Nachteil ist.

Ich werde tun was richtig ist anstatt nur Recht haben zu wollen. Ich werde mein Ego kontrollieren. Ich werde bescheiden sein und mich nicht selbst über andere stellen.

Ich werde durch körperliches Training und meine Ernährungsweise dafür sorgen, dass mein Körper und damit meine Gesundheit in bestmöglichem Zustand ist. Mein Körper soll stark und widerstandsfähig sein.

Ich werde nach der kontinuierlichen Weiterentwicklung meiner selbst streben. Dazu werde ich lesen und auf jede mögliche Art lernen. Ich werde neue Erlebnisse und Aktivitäten suchen, die meine Weltsicht immer wieder erweitern.

Ich werde mich nicht von meinen Emotionen kontrollieren lassen – Ich werde meine Emotionen kontrollieren. Meine Entscheidungen werden frei von Emotionen getroffen werden.

Ich werde ein Sheepdog sein. Ich werde kein Unrecht schweigend hinnehmen – egal ob es mich selbst oder andere betrifft. Ich werde anderen Menschen helfen und die beschützen, die dies nicht selbst können. Ich werde alle Menschen gleichermaßen mit Respekt behandeln.

Ich werde dafür sorgen, dass ich in der Lage bin mich selbst und meine Familie zu verteidigen. Ich werde mir durch mein Training die erforderlichen Fähigkeiten aneignen. Ich werde mich körperlich und mental dafür vorbereiten.

Ich werde keine Zeit verschwenden, weder meine eigene noch die von anderen. Zeit ist meine wertvollste Ressource, und ich werde sie beschützen.

Ich werde vor Widerständen nicht zurückweichen, sondern sie überwinden. Ich werde an ihnen wachsen und durch sie stärker werden.

Ich werde mutig im Angesicht der Angst sein. Meine Furcht zeigt mir die Richtung, in die ich gehen muss. Ich werde mich auf die Angst vorbereiten. Ich werde für meine Familie und meine Freunde ein zuverlässiger Partner und Beschützer sein, auch in Zeiten der Angst.

DANKSAGUNG

Danke Markus,
für Deine Unterstützung,
Deine Inspiration
und Deine Ehrlichkeit.

Ohne Deine Hilfe, Deine Kreativität
und Deinen Sachverstand wäre
dieses Buch nicht entstanden.
Ohne Deine Hilfe würde ich vermutlich noch heute darüber nachdenken, irgendwann
einmal ein Buch zu schreiben.
Nun sind es bereits vier.
Danke, dass Du an meiner Seite bist.

Danke, Männer der Rising King Academy.

Ihr beweist mir jeden Tag,
dass es noch gute Männer gibt.
Ihr seid eine Quelle der Inspiration und des Lichts. Es ist mir eine Ehre, mit Euch den Weg zu gehen.

Und so marschieren wir weiter.

WEITERE BÜCHER DES AUTORS

Es ist einsam in der Grube seit die Wahrheit tot ist

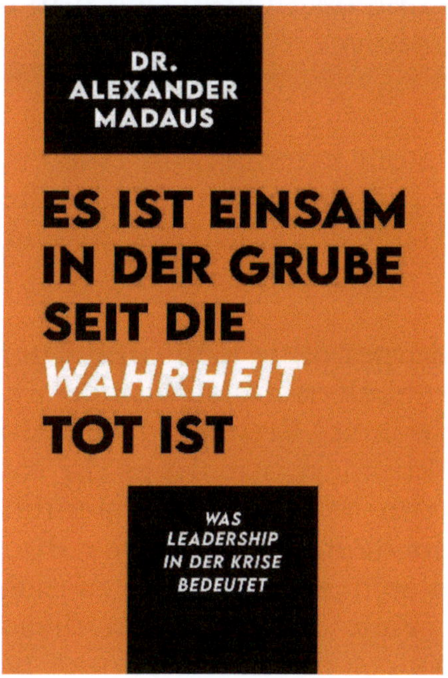

Die Fähigkeit zu wahrer LEADERSHIP ist entscheidend für die Zukunft. Krisen zeichnen sich durch das unbarmherzige, aber gerechte Offenlegen von Wahrheiten aus. Nun zeigt sich, wer führen kann!

Der Autor Dr. Alexander Madaus ist Arzt, Unternehmer und Gründer der Rising King Academy. Er ist Spezialist für das Coaching von Unternehmern mit Familie und vermittelt den Warriors Way. Die Fähigkeit und die Bereitschaft in jeder Sekunde die volle Wahrheit über das eigenen Leben zu akzeptieren. Und dann entschlossen zu handeln.

Kurz: Die Eigenschaften und Fähigkeiten, die jetzt entscheidend sind um echte Führung zu übernehmen. Für sich und für Andere.

Menschen, die zum Handeln aufgerufen sind, verschließen die Augen. Männer ziehen sich die Decke über den Kopf und warten bis es vorbei geht. Sie sitzen alleine in Ihrer Grube und versinken im Selbstmitleid. Sie tun dies seit Jahrzehnten. Wir erleben die Konsequenzen. An einer Stelle, wo Leadership notwendig wäre, regiert ein Vakuum an Entscheidungs- und Handlungskompetenz. Die Auswirkungen sind fatal und offenbaren sich nun in ihrer katastrophalen Ausdehnung.

Ein Land ohne Leader.

Der Inhalt dieses Buches stellt jedem Mann eine einzige Frage: Bist du bereit zu führen? Könntest du einer jener Männer sein, die in der Lage sind LEADER zu sein? Jetzt!

Hast du genug von einen Körper ohne Kraft und Energie? Einen müden und vernebelten Geist? Einer Ehe ohne Sex und tiefer Verbundenheit? Erträgst du ein Business, welches nicht so funktioniert, wie du es dir vorstellst? Fragst du dich warum du morgens eigentlich aufstehen solltest? Fragst du dich, ob du dieses Buch besser deiner Frau schenken solltest? Wenn Sie es nicht schon vor dir gelesen hat. Viele Frauen lesen dieses Buch und erkennen bitter, was es über Ihre Männer berichtet.

Triffst du eine Wahl? Für Immer! Hast du den Mut deiner Wahrheit ins Gesicht zu sehen? Dann bietet sich Dir JETZT ENDLICH die Chance zu handeln. Die Gesellschaft braucht DICH jetzt.

Hamburg im Juni 2020
ISBN: 978-3347086647

Verabredung mit dem Erfolg

„ES IST EINSAM AN DER SPITZE“

Zu diesen Satz hast du auf Seminaren zustimmend ge- nickt? Hast du Ihn in einem Buch grün markiert oder in einem Facebook-Post geliked?

Dann habe ich eine 90% Chance, dass du (noch) kein Leader bist und eine 99% Chance das dein Unternehmen führungslos dem Markt- mechanismen ausgeliefert ist.

Dieser Satz ist Bullshit! - Kein Mann ist jemals alleine an die Spitze gelangt. Kein Mann kann sich alleine dort halten.

Dr. Alexander Madaus räumt in seinem neuen Werk kompromisslos ehrlich mit den Vorurteilen auf, die Menschen davon abhalten Unternehmen wirklich zu führen. In einer Welt in der Wahrheit konsequent und gezielt vernichtet wird und die Blender und Faker das Kommando übernommen haben beweist Madaus als Gründer der

Rising King Academy das es auch anders geht. Ganz anders.

Wo Heerscharen von Coaches mit Sprüchen und Anweisungen „motivieren“ die sie selber nie auch nur im Ansatz erfahren und gelebt haben beweist Madaus mit einer kleinen Gruppe von Männern, dass es möglich ist authentisch und der Wahrheit verpflichtet unternehmerisch erfolgreich zu sein. Die Ergebnisse dieser Gruppe potenzieren die herkömmlichen Ideen von Erfolg.

In diesem Buch lüftet Madaus das Geheimnis dieser Männer:

Du bist nicht alleine. Jedem von uns geht oder ging es so. Es spricht nur niemand darüber. Männer, die sich der Wahrheit und kompromisslosen Bereitschaft verschrieben haben, das Spiel zu gewinnen sprechen darüber. Miteinander. Seit Jahrtausenden.

Dieses Buch liefert die ultimativen Informationen, die du benötigst, um dein Unternehmen so aufzubauen und zu gestalten das es unaufhaltsam wird. DU wirst unaufhaltsam sein. Du kannst dich jederzeit dazu entschließen, ein Leader zu werden.

Es wird Zeit aufzustehen. Zeit, ein König zu werden.

Dieses Buch ist der erste Schritt – Wenn ein Mann mutig genug ist.

Hamburg im September 2020
ISBN: 978-3347108141

THE STACK - Love and Light: Der Weg aus der selbst gewählten Dunkelheit

"Wer bist Du?"

Seit Generationen werden Menschen dazu erzogen, sich diese Frage nicht zu stellen. Heute kennt die Antwort auf diese Frage so gut wie niemand mehr.

Ein Vorname? Ein Beruf? Eine Funktion? Ist es das, was Du BIST?

In seinem bisher wohl persönlichsten Buch nimmt Dr. Madaus den Leser mit auf die Reise durch seine eigene Jugend, Kindheit und deren Traumata. Er gewährt einen sehr privaten Blick in die eigene Entwicklung zu dem Mann, der er heute ist. Er lädt Dich auf eine Reise zu den eigenen Emotionen ein. Tief runter dorthin, wo die Antwort auf die Fragen, wer Du wirklich bist und wer Du sein könntest, im Dunkeln verborgen liegt.

Mit diesem Werk offenbart und erklärt er sein Werkzeug, welches ihm den Weg ebnete, die wohl bedeutendste Frage zu beantworten, die sich ein Mann stellen muss.

DER STACK - Dies ist der Name des Werkzeugs.

Es ermöglicht auch Dir zu verstehen, wer Du eigentlich bist.

Aber Vorsicht. Die Lektüre dieses Buches hat absolut nichts gemein mit den seichten Weisheiten der "Lebenstrainer", die den boomenden Markt der "Selbstreflektion" aktuell überschwemmen.

Dieses Buch ist wie eine klare kalte Dusche jeden Morgen. Der STACK ist wie ein reinigendes Gewitter. Die Luft wird klar und der Raum wird weit. Wenn man sich traut, seinen Gefühlen und wahren Motiven zu begegnen und sich mit ihnen zu konfrontieren. Die Inhalte dieses Buches werden Dich in die Lage versetzen, deine Verhaltensweisen kritisch zu hinterfragen, wahrlich zu durchdringen und zu reprogrammieren.

Zu Deinem Wohl. Zum Wohl der Menschen, die Du liebst. Zum Wohle Aller.

Heute sagt der Autor über sich:

"Ich habe nichts mehr zu beklagen. Ich bin mit meiner Vergangenheit im Reinen. Durch den STACK."

"Wer willst Du sein? - Hast du den Mut, Liebe und Licht zu suchen und zu empfinden?"

Hamburg im Januar 2021

ISBN: 978-3347237056